Josef Zauner

Das grosse k. u. k. Mehlspeisenbuch

Josef Zauner

Das grosse k. u. k. Mehlspeisenbuch

Die besten Rezepte
vom berühmten Zuckerbäcker aus Bad Ischl

Aufgezeichnet von Uschi Korda

Servus

3. Auflage 2024

Gesetzt aus der Adriane Text und Akagi Pro.

Autorin & Konzeption: Uschi Korda
Fotos: Thomas Apolt
Grafische Gestaltung und Satz: Boutique Brutal / Ramona Scheiblauer

Fotocredits:
Fotostudio Hofer/Bad Ischl: Seite 14, 15 (oben), 16 (Glasbuffet)
AKG-Images: Seite 16 (Fassade)

Medieninhaber, Verleger und Herausgeber:
Red Bull Media House GmbH
Oberst-Lepperdinger-Straße 11–15
5071 Wals bei Salzburg, Österreich

Printed in Slovakia
ISBN 978-3-7104-0146-6

Inhalt

Liebe Leserinnen und Leser!

1832 ist das Gründungsjahr der Konditorei Zauner in Bad Ischl. Seit 185 Jahren wird in unserem Haus die traditionelle Konditoreikunst gepflegt, und auf hohem Niveau wird mit handwerklichem und meisterlichem Können tagein, tagaus gebacken, gerührt, verziert und alles zur hochwertigen Zuckerbäckerkunst ausgefertigt.

Die österreichische Küche erlangte in der Zeit der österreichisch-ungarischen Monarchie Weltruf. Dieser Ruf ist ganz wesentlich den Mehlspeisen zu verdanken, deren Vielfalt durch die Verschmelzung der Geschmacksgewohnheiten aller ehemaligen Kronländer der Monarchie geprägt wurde. Die Konditorei Zauner ist die Konditorei in Österreich, in der die Klassiker der Konditorkunst einen hohen Stellenwert genießen.

Diese traditionellen Rezepte sind es auch, die namhafte österreichische Zuckerbäcker in die ganze Welt hinausgetragen haben. Sie werden weltweit nachgemacht und über alles geschätzt, wie zum Beispiel Salzburger Nockerl, Kaiserschmarren, Palatschinken, Ischler Törtchen usw. Natürlich unterliegt die österreichische Mehlspeisküche genauso wie die Küche im Generellen immer wieder Wandlungen. Der Trend geht in Richtung kalorienarme, lockere Mehlspeisen sowie neue Geschmacksrichtungen.

Ich glaube, es ist uns gelungen, klassische Rezepturen und moderne Kreationen in einem Buch harmonisch zu vereinen. Nur die Kenntnis von klassischen Rezepturen und der Respekt vor der traditionellen Zuckerbäckerkunst, das Fachwissen und die Achtung vor hochwertigen Zutaten schaffen die Voraussetzung, die Zuckerbäckerkunst zu verbessern und der heutigen Zeit angepasste Süßspeisen neu zu kreieren.

Es ist mir ein großes Anliegen, meinen kreativen Mitarbeitern, Konditormeister Michael Windhager und Konditormeister Andreas Schögl, für die engagierte Mitarbeit an diesem Buch meinen Dank auszusprechen.

Ich wünsche allen viel Freude beim Backen und gutes Gelingen!

Josef Zauner

Linke Seite:
Josef Zauner mit Andreas Schögl (links) und Michael Windhager (rechts)

Eine süsse Erfolgsgeschichte

Vor 185 Jahren legte Johann Zauner den Grundstein für eine Bad Ischler Institution.

In Österreich ist das so: Wenn nur mehr der Nachname mit einem kleinen „die“ oder „der“ davor genügt, dann hat man es geschafft. Das gilt vor allem für Künstler, für Politiker und für historische Persönlichkeiten. Weil man jedoch hierzulande auch gerne gut isst und trinkt, wurde das Terrain der zärtlichen Verknappung, die man wie einen Adelstitel trägt, auf die Kulinarik erweitert. Schließlich sind Köche und Zuckerbäcker ja auch Künstler, die mit ihrem Schaffen für Wohlgefühl und Unterhaltung sorgen.

Es dauert allerdings Jahrzehnte, bis man es etwa zur Hörbiger (Christiane), zum Moretti (Tobias) oder zum Witzigmann (Eckart) gebracht hat. In nur fünf Jahren gelingt das selten jemandem, da muss zum außergewöhnlichen Können noch die Gunst der Stunde dazukommen. Diese schlug 1832 für Johann Zauner aus Haugsdorf bei Wien. 29 war er damals, ein Meister seiner Zunft zwar, aber nur einer von vielen unter den vielen Zuckerbäckern der Hauptstadt, als er die Chance bekam, in Bad Ischl eine Konditorei zu eröffnen.

Der Ruf des oberösterreichischen Stadt als Kurort war noch jung, dafür aber umso exzellenter. Bis heute wird gerne die Geschichte vom Erzherzog Franz Karl (1802–1878) und seiner Sophie erzählt, die erst nach einer Ischler Solekur schwanger wurde, und zwar mit dem späteren Kaiser Franz Joseph. Fairerweise erwähnt man gleich dazu, dass eventuell auch die entspannte, lockere Atmosphäre fernab des kaiserlichen Hofes zur glücklichen Empfängnis geführt haben könnte.

Das Erzherzog-Paar urlaubte fortan dankbar in Ischl, und weil man gerne tut, was seinesgleichen tut, zogen die Aristokratie und die mondäne Gesellschaft Europas nach. In deren Schlepptau wiederum folgten Schriftsteller, Maler, Komponisten und Schauspieler. Es wurde gekurt, gefeiert und getanzt, und als Johann Zauner seine Konditorei eröffnete, konnte endlich auch nach Herzenslust genascht werden. So gut wie jeder pilgerte in die Pfarrgasse, wo die Süßigkeiten kunstvoll und der Kaffee ausgezeichnet waren, und die Konditorei wurde binnen kurzer Zeit einfach „der Zauner“ genannt.

Linke Seite:
Josef Zauner in der Backstube

CAFÉ
ZAUNER
CAFÉ
ZAUNER
Dr POLLAK
ZAHNARZT
CHOCOLAT

Confiserie
Zauner
Tel. 522

Recht strebsam soll Johann Zauner (1803–1868) gewesen sein, und das am liebsten in seiner Backstube. Großes Getue oder gesellschaftliche Auftritte waren nicht so seine Sache. Nach dem Tod seiner ersten Frau bekam er mit seiner zweiten Frau Elisabeth drei Söhne, von denen aber nur der mittlere überlebte. 27 Jahre jung war Karl Zauner, als er die Konditorei übernehmen musste. Da war Franz Joseph bereits Kaiser und Bad Ischl ein Weltkurort.

Wie sein Vater soll Karl (1846–1889) mehr ein Ruhiger und Fleißiger und ein großartiger Zuckerbäcker gewesen sein, der auch über den Tellerrand hinausschaute. Er tauschte Rezepte mit der Confiserie Sprüngli in Zürich sowie der Hofzuckerbäckerei Demel in Wien und legte nebenbei ein Kochbuch an.

Es war eine fruchtbare Ära, in der der Zauner zum gesellschaftlichen Zentrum von Bad Ischl wurde, wo man den neuesten Tratsch austauschte. Über den Kaiser und die Schratt etwa, die als Burgschauspielerin längst von ihrem Vornamen befreit und mit dem schlichten „die" geadelt war. Katharina Schratts innige Freundschaft zum Kaiser war ein offenes Geheimnis. Ein gut gehütetes Geheimnis hingegen war, dass der Zauner davon profitierte. Er hatte so etwas wie einen Dauerauftrag und lieferte täglich frühmorgens drei Gugelhupfe nach Geheimrezept zur Schratt-Villa. Zur Sicherheit, falls dort beim Backen etwas schiefging.

Fruchtbar war auch Karl Zauners Ehefrau Maria, die dem angesehenen Konditor zehn Kinder gebar, womit die Zukunft der Dynastie und der Konditorei gesichert schien. Doch das Leben und das Schicksal hatten anderes vor. Ob die Geschichte mit dem Fluch im Nachhinein der Fantasie eines Kaffeehausliteraten entsprungen und im Laufe der Zeit zu einer Tatsache geworden ist oder ob sie sich genau so zugetragen hat, lässt sich heute nicht mehr feststellen. Wer die Zauner-Geschichte erzählen will, kommt jedoch nicht um sie herum.

Karl Zauner, so heißt es, habe eines Tages eine bettelnde Zigeunerin recht rüde seines Lokals verwiesen. Sie revanchierte sich, indem sie ihm wütend keine männlichen Nachfolger und das Aussterben seiner Sippe prophezeite. Angesichts seiner Kinderschar inklusive vierer Söhne nahm Karl Zauner den Vorfall nicht wirklich ernst. Kurz darauf aber begannen die familiären Turbulenzen.

Zauner-Mannschaft, 1923

Zuckerbäcker-Brigade, 1950, mit Meister Richard Kurth (Mitte, mit Krawatte)

Linke Seite oben: Fassade Pfarrgasse, 1930
Linke Seite unten: Brigade mit dem ersten Mehlspeisen-Lieferwagen, 1950

Gerade einmal 43 Jahre alt, starb Karl an einem Nierenleiden, und seine 39-jährige Witwe lieferte einen Skandal, der weit über Bad Ischl hinaus für Gesprächsstoff sorgte. Sie ließ ihre teilweise noch unmündigen Kinder samt der Konditorei sitzen und folgte einem Fotografen, der ihr Liebe und große Abenteuer in Amerika versprach. Da war Viktor, das älteste der Zauner-Kinder, zarte 18 Jahre jung und ging beim Gerstner in Wien in die Zuckerbäckerlehre. Er zögerte nicht lange, kehrte zurück nach Bad Ischl, kümmerte sich ums Geschäft, um die Geschwister und um die Backstube.

Die Liebe und das Talent zu seinem süßen Beruf, so erzählt man sich, habe Viktor (1877–1950) von seinem Vater geerbt. Unter seiner Ägide setzte der Zauner zu neuen Höhenflügen an – Hand in Hand mit Bad Ischl, das seit der Eröffnung der Salzkammergutbahn 1877 jedes Jahr von noch mehr Gästen gestürmt wurde. Sie alle schauten beim Zauner auf die berühmten Rouladen, Kuchen, Strudel, Cremeschnitten, Konfekte und hausgemachten Pralinen vorbei.

Dass diese Qualität konstant blieb, darauf achtete Viktor Zauner. Weil jedoch die k.u.k. Mehlspeisküche damals schon berühmt war, hieß das noch lange nicht, dass man sie nicht weiterentwickeln konnte. Also tüftelte er an neuen Naschereien, vor allem mit seinem kongenialen Partner Josef Nickerl. Der Zuckerbäcker aus Karlsbad war dem legendären Ruf Zauners nach Bad Ischl gefolgt und stand eines Tages vor der Backstube. Mit in seinem Gepäck hatte er das Rezept für die ebenfalls legendären Karlsbader Oblaten.

Die beiden Meister kreierten zunächst mit geriebenen Nüssen und Mandeln die Ischler Oblaten, die bald in die ganze Welt verschickt wurden. Aus dem Bruch der Oblaten formte Josef Nickerl kleine Makronen, die um 1 Kreuzer an Kinder verkauft werden sollten. Bald standen aber auch die Erwachsenen Schlange, um etwas von der Süßigkeit zu ergattern, die der Volksmund „Nickerl-Batz" getauft hatte. Ein unerwarteter Erfolg, der den Ehrgeiz der beiden Zuckerbäcker schürte. Sie experimentierten mit Formen, Konsistenzen und Glasuren, bis sie 1905 den „Zaunerstollen" präsentierten, der bis heute unverändert geblieben und unverändert beliebt ist. Das Rezept wurde noch nie veröffentlicht und wird in einem Tresor gehütet.

Zauner-Brigade, 1955, dirigiert von Chefkonditor Josef Nickerl

Das Geschäft in der Pfarrgasse, 1955

Linke Seite oben
Der alte Rauchsalon in der Pfarrgasse, 1970
Linke Seite unten:
Bis Mitte der 1960er-Jahre trugen die Verkäuferinnen Dirndl

Launer

Auch räumlich war Viktor Zauner um Weiterentwicklung bemüht. Er pachtete direkt an der Traun das ehemalige Café Walther und eröffnete 1927 an seiner Stelle das „Zauner Esplanade Café". Mit dem geschäftlichen Erfolg ging allerdings das private Glück nicht konform. Er heiratete recht spät, die Ehe blieb kinderlos. Auch seine Brüder waren recht früh aus dem Leben geschieden, seine Schwestern hatten allesamt nur Töchter.

Es ging also irgendwann neben dem Fortbestand der Konditorei auch um den Erhalt des Namens. Daher adoptierte Viktor Zauner eine seiner tüchtigsten Mitarbeiterinnen, Rosina Öfner, die ihrerseits wieder einen Konditor aus der Zauner-Backstube zum Mann nahm.

Der deutsche Zuckerbäcker Richard Kurth, dessen ausgezeichneter Ruf ihn einst bis nach Guatemala City brachte, legte sich seit Kriegsende mit der Erfindung neuer Naschereien ins Zeug. So entstammt unter anderem das berühmte Ischler Törtchen, für das der Zauner mehrere internationale Auszeichnungen einheimste, seinem Erfindungsreichtum.

Auch in dieser Ehe gab es keine Kinder, als Rosina Zauner 1957 bei einem Autounfall ums Leben kam.

Damals standen der Zauner und Bad Ischl nach den Kriegswirren endlich wieder im Zentrum der Aufmerksamkeit einer illustren Gesellschaft. Waren es früher ausschließlich Musiker, Dichter und Leute vom Theater, kam jetzt das Filmvolk dazu. Im Sog der Sissi-Filme schwappte neuer Ruhm über den Kurort an der Traun, von Theo Lingen über Johannes Heesters bis zu Romy Schneider trugen sich alle ins Gästebuch vom Zauner ein.

Während also das Land und seine Menschen wieder hoffnungsfroh in die Zukunft blickten, war die der Konditorei noch immer nicht geklärt. Als Richard Kurth 1971 starb, hatte er auch mit seiner zweiten Frau Hildegard keine Kinder. Aber die Frau Kommerzialrat übernahm sofort tatkräftig das Zepter, schließlich hatte sie in der Backstube große Unterstützung. Bereits 1966 hatte der Tamsweger Josef Ferner (*1948) seine Konditorlehre beim Zauner begonnen und mittlerweile die Meisterprüfung absolviert.

Die Zauner-Brigade, 2017

Ein kleines Meisterwerk aus der Backstube: Salzburger Nockerl

Linke Seite oben: Das Café Esplanade nach dem Umbau, 2005
Linke Seite unten: In der Zauner-Backstube

Zauner
ehem. k.u.k.
Hofzuckerbäcker

Als kleiner Bub habe er einmal in einer Illustrierten eine Reportage über einen Konditor gesehen, da sei der Funke übergesprungen, so der Zuckerbäcker, der 1987 von Hildegard Zauner adoptiert wurde und jetzt der amtierende Zauner ist. Auch er ist ein Tüftler, auch er ist einer, der 40 Jahre lang in der Backstube stand und Neues kreierte, das den süßen Geschmack der Zeit traf. Dafür heimste er zahlreiche Goldmedaillen ein, ist als Experte weltweit gefragt und seit 1988 Gastprofessor an der bekannten Fachschule „Japan Cake- and Confiserie College". Ein Teil seiner Gäste kennt den Konditormeister auch aus dem Fernsehen. Bis 1985 trat er in der ORF-Reihe „Häferlgucker" auf, Mitte der 1990er-Jahre gab er als TV-Konditor Tipps im Bayerischen Rundfunk.

Leichter, lockerer, geschmacksintensiv sind die Prämissen, nach denen heute genascht wird. Geeister Kaiserschmarren, Waldbeertorte, glasierte Schokokuppeln sind nur einige der Kreationen von Josef Zauner, deren Rezepte Sie auch in diesem Buch finden.

Es wäre aber nicht Bad Ischl und es wäre nicht der Zauner, wenn man nicht trotz zarter Neuerungen die Tradition bewahren würde. Deshalb finden Sie beim Zauner und in diesem Buch jede Menge Klassiker, die schon zu Kaisers Zeiten die Gäste verführten.

Und die Zukunft? Die scheint gesichert zu sein, denn es steht bereits der nächste Zauner in der Backstube. Josef Zauners Sohn Philipp hat gerade seine Ausbildung zum Zuckerbäcker abgeschlossen, um das süße Erbe anzutreten. So wird der Zauner in Bad Ischl wohl noch lange der Zauner bleiben.

Linke Seite:
Der Zauner in der Pfarrgasse, 2017

Kuchen, Strudel & Gebäck

Apfelstrudel

Zutaten
für 1 großen oder 2 kleine Strudel
⏲ 1½ Stunden

Für den Teig
Strudelteig
(siehe Grundrezept S. 188)

Für die Strudelbrösel
100 g geröstete Semmelbrösel
50 g zerlassene Butter
50 g Kristallzucker

Für die Fülle
1½ kg Äpfel
80–100 g Zimtzucker
100 g Rosinen
Saft von 1 Zitrone
20 ml Rum

ca. 80 g Butter zum Bestreichen

Zubereitung

1. Strudelteig und Rollholz gut mit Mehl bestauben, damit der Teig nicht kleben bleibt. Den Teig dünn viereckig ausrollen. Die Hände gut mit Mehl bestauben und den Teig vorsichtig ausziehen, bis er durchsichtig wird. Aufpassen, dass dabei keine Löcher entstehen, und den Teig auf ein Tuch legen.
2. Backrohr auf 180 °C Ober-/Unterhitze vorheizen.
3. Für die Strudelbrösel Semmelbrösel anrösten, mit zerlassener Butter und Zucker vermischen.
4. Äpfel schälen und in Spalten schneiden.
5. Den ausgezogenen Teig mit zerlassener Butter bestreichen. Zwei Drittel des Teiges gleichmäßig mit den Bröseln bestreuen und die geschälten Apfelspalten auflegen. Zimtzucker, Rosinen, Zitronensaft und Rum ebenfalls gleichmäßig über die Äpfel verteilen.
6. Die Teigränder abschneiden, Strudel einrollen und mithilfe des Tuches auf das Blech legen. Mit zerlassener Butter bestreichen und ca. 40 Minuten backen.

→ Ein weich gehaltener Strudelteig lässt sich leichter ausziehen. Festerer Teig bäckt allerdings schöner.
Für Strudel verwendet man säuerliche, feste Äpfel wie Boskoop oder Granny Smith; mehlige Äpfel sind dafür nicht geeignet. Ein besseres Aroma erreicht man, wenn man die Rosinen am Vortag in Rum einlegt.
Der Strudel blättert schöner, wenn man diesen vor Ende des Backvorganges nochmals mit Butter einstreicht.

Nussstrudel

Zutaten
für 1 Strudel
⏲ 2¼ Stunden

Für den Teig
500 g glattes Mehl
30 g Germ (Hefe)
200 ml lauwarme Milch
130 g flüssige Butter
60 g Feinkristallzucker
1 kräftige Prise Salz
2 Eidotter

Für die Fülle
400 g Haselnüsse
50 g Semmelbrösel
½ TL Zimt
1 Prise Nelkenpulver
1 Spritzer Rum
150 ml heiße Milch
2 Eiklar
120 g Feinkristallzucker

1 Eidotter, mit etwas Wasser verdünnt, zum Bestreichen
Staubzucker zum Bestreuen

Zubereitung

1. Für das Dampfl (Vorteig) die Hälfte vom Mehl in eine Schüssel sieben und in der Mitte eine Mulde eindrücken.
2. Germ in der lauwarmen Milch auflösen und in die Mulde gießen. Mit einem Kochlöffel zu einem weichen Teig verrühren. Mit dem restlichen Mehl abdecken und das Dampfl ca. 15 Minuten gehen lassen.
3. Butter mit Zucker, Salz und Eidotter verrühren, mit der restlichen Milch in die Schüssel geben. Alles mit den Händen vermischen und auf eine Arbeitsfläche kippen. Zu einem glatten, weichen Teig verkneten und wieder in die Schüssel geben. Mit einem Tuch bedeckt 45 Minuten an einem warmen Ort ohne Zugluft gehen lassen.
4. In der Zwischenzeit für die Fülle Haselnüsse in einer Pfanne ohne Fett anrösten, bis sie stark zu duften beginnen. Dann in einer Küchenmaschine fein reiben. Mit Bröseln, Zimt, Nelkenpulver, Rum und Milch vermischen. Eiklar zu einem steifen Schnee schlagen, dabei Zucker langsam einrieseln lassen. Mit einem Kochlöffel vorsichtig unter die Nussmasse heben.
5. Das Backrohr auf 180 °C Ober-/Unterhitze vorheizen.
6. Den Teig auf einer Arbeitsfläche zu einem 1 cm dicken Rechteck ausrollen. Bis etwa 5 cm vom hinteren Rand entfernt mit der Fülle bestreichen und den Strudel nach hinten einrollen.
7. Ein Blech mit Backpapier auslegen und den Strudel mit der Teignaht nach unten daraufsetzen. Mit einem Tuch bedecken und nochmals 20 Minuten gehen lassen.
8. Den Strudel mit Eidotter bepinseln und auf der mittleren Schiene 30 bis 35 Minuten backen. Auskühlen lassen und mit Staubzucker bestreuen.

Topfenstrudel

Zutaten
für 2 Strudel
◷ 1 Stunde 40 Minuten

Für den Teig
Strudelteig
(siehe Grundrezept S. 188)

Für die Fülle
2 Bio-Freilandeier
130 g Kristallzucker
1 Prise Salz
1 kg Topfen (20 %)
165 g Joghurt
60 g Rosinen (in Rum eingeweicht)
110 g Staubzucker
50 g Vanillepuddingpulver
Mark von ½ Vanilleschote
abgeriebene Schale von
½ unbehandelter Bio-Zitrone

Butter zum Bestreichen und
zum Ausstreichen der Kasserolle
1/16 l Obers
1 Dotter
Staubzucker zum Bestreuen

Zubereitung

1. Aus dem Strudelteig 2 kleine Kugeln formen und rasten lassen.
2. Eier trennen und Eiklar mit Kristallzucker und Salz zu Schnee schlagen.
3. Topfen, Joghurt, Rumrosinen, 100 g Staubzucker, Vanillepuddingpulver, 2 Dotter, Vanillemark und Zitronenschale mit dem Schneebesen glatt rühren. Dann den Schnee vorsichtig unterheben.
4. Das Backrohr auf 195 °C Unterhitze vorheizen.
5. Die beiden Teige jeweils auf einem bemehlten Tuch mit dem Rollholz ausrollen. Vorsichtig über den Handrücken legen und dünn ausziehen. Die Hälfte der Fülle auf den 1. Strudel rechteckig aufstreichen. Zusammenrollen und in die mit Butter ausgefettete Kasserolle legen. Den 2. Strudel ebenso herstellen und dazulegen. Zum Schluss dünn mit flüssiger Butter bestreichen. Im Rohr ca. 1 Stunde backen.
6. In der Zwischenzeit Obers mit Dotter und 10 g Staubzucker zu einer Royal verschlagen. Die Strudel nach 30 Minuten Backzeit damit bestreichen.
7. Nach dem Backen die Strudel etwas überkühlen lassen, anzuckern und eventuell mit Vanillesauce servieren.

Böhmischer Mohnstriezel

Zutaten

für 1 Striezel von ca. 35 cm Länge

⏲ 2 Stunden 20 Minuten

Für den Teig

ca. ⅛ l Milch
15 g Germ (Hefe)
35 g Zucker
60 g Butter
1 Dotter
abgeriebene Schale von
½ unbehandelter Bio-Zitrone
250 g Mehl
1 Msp. Salz

Für die Fülle

⅛ l Milch
40 g Zucker
1 TL Honig
50 g süße Brösel
125 g gemahlener Mohn
25 g geriebene Mandeln
1 Prise Zimt
1 EL Rum
40 g Rosinen

1 versprudeltes Ei
50 g Marillenmarmelade

Für die Glasur

50 g Staubzucker
etwas heißes Wasser
ein paar Tropfen Zitronensaft
2 TL ungemahlener Mohn

Zubereitung

1. Für den Teig in einem kleinen Topf die Milch anwärmen und die Germ darin auflösen. Zucker, Butter, Dotter und Zitronenschale zugeben und gut durchrühren. Gesiebtes Mehl und Salz zugeben und mit einem Kochlöffel kräftig abarbeiten, bis sich der Teig bindet.
2. Den Teig auf ein Nudelbrett stürzen und mit den Händen zu einem seidigen, etwas weichen Germteig abkneten. Zudecken und ca. ½ Stunde rasten lassen.
3. In der Zwischenzeit für die Mohnfülle Milch, Zucker und Honig aufkochen. Vom Herd nehmen und Brösel, geriebenen Mohn, geriebene Mandeln, Zimt und Rum einrühren. Zum Schluss die Rosinen einmischen und kalt stellen.
4. Das Backrohr auf 170 °C Ober-/Unterhitze vorheizen.
5. Den Teig ca. 30 cm im Quadrat auf dem Brett ausrollen und mit einem Messer in drei gleiche Streifen schneiden. Die Mohnfülle in einen Spritzbeutel mit Lochtülle (15 mm Durchmesser) geben und der Länge nach auf die drei Streifen dressieren. Die Streifen einrollen, die Enden zusammendrücken und daraus einen Zopf flechten (glatte Seite ohne Naht nach oben). Striezel warm stellen und ca. 20 Minuten aufgehen lassen.
6. Vor dem Backen mit versprudeltem Ei bestreichen und im vorgeheizten Backrohr ca. 20 Minuten backen.
7. Den Striezel herausnehmen und noch warm mit heißer Marillenmarmelade bestreichen. Staubzucker mit heißem Wasser und Zitronensaft zu einer Glasur verrühren und den Striezel damit dünn abglänzen. Zum Schluss noch mit etwas Mohn bestreuen.

→ Wenn man den Striezel noch warm mit Marmelade und Glasur bestreicht, trocknet die Glasur besser.

Bienenstich

Zutaten

für 1 Springform mit
ca. 32 cm Durchmesser
⏲ 2½ Stunden
plus 1 Stunde zum Kühlen

Für den Teig

120 ml Milch
40 g weiche Butter
350 g Mehl
1 Prise Salz
½ Würfel Germ (Hefe)
60 g Zucker
1 Bio-Freilandei
1 Dotter
abgeriebene Schale von
½ unbehandelter Bio-Zitrone

Für die Fülle

2 Pkg. Vanillepuddingpulver
900 ml Milch
100 g Zucker
400 g zimmerwarme Butter

Für den Mandelbelag

100 g weiche Butter
100 g Zucker
2 EL flüssiger Honig
2 EL ungeschlagenes Schlagobers
150 g Mandelblättchen

Zubereitung

1. Für den Teig Milch erwärmen und Butter darin schmelzen. Auf Zimmertemperatur auskühlen lassen.
2. Mehl mit 1 Prise Salz, zerbröselter Germ (Hefe), Zucker, Ei, Dotter und Zitronenschale in eine Schüssel geben und die Milch-Butter-Mischung langsam einlaufen lassen. Zu einem glatten Teig verkneten und zugedeckt an einem warmen Ort ca. 1 Stunde gehen lassen.
3. Für die Fülle Puddingpulver mit 100 ml Milch und 100 g Zucker glatt rühren. In einem kalt ausgespülten Topf 800 ml Milch aufkochen, das verquirlte Puddingpulver einrühren und 1 Minute kochen lassen. Den Pudding in eine Schüssel füllen und mit Frischhaltefolie direkt auf der Puddingoberfläche abdecken, damit sich keine Haut bildet. Auskühlen lassen.
4. Für die Mandelmasse Butter mit Zucker, Honig und Schlagobers in einem kleinen Topf unter Rühren erhitzen. Vom Herd nehmen und die Mandelblättchen untermischen.
5. Eine Springform mit Backpapier auslegen.
6. Wenn der Germteig sein Volumen etwa verdoppelt hat, rund ausrollen und in die Springform legen. Die warme Mandelmasse darauf verteilen und den Teig nochmals ca. 20 Minuten an einem warmen Ort gehen lassen.
7. Das Backrohr auf 180 °C Ober-/Unterhitze vorheizen.
8. Den Bienenstich im vorgeheizten Rohr ca. 35 Minuten backen und abkühlen lassen.
9. Zur Fertigstellung der Fülle 400 g zimmerwarme Butter cremig aufschlagen und den ebenfalls zimmerwarmen Pudding löffelweise einrühren.
10. Den Bienenstich einmal quer durchschneiden und die Puddingcreme auf der unteren Hälfte verteilen. Die Tortenoberseite mit dem Mandelbelag entweder ganz oder bereits in 16 Segmente geschnitten auf die Creme setzen. Etwa 1 Stunde kalt stellen.

Linzer Kipferl

Zutaten

für 6 große Kipferl

3 Stunden

Für den Teig

220 g weiche Butter
120 g Zucker
2 Bio-Freilandeier
2 EL Vanillezucker
1 Prise Salz
1 EL Zitronensaft
370 g glattes Mehl
80 ml Milch

200 g passierte Marillenmarmelade

Für die Glasur

100 g dunkle Kuvertüre
10 g Butter oder Kokosfett

Zubereitung

1. Butter mit Zucker schaumig rühren, nach und nach die Eier zugeben. Vanillezucker, Salz und Zitronensaft einrühren. Dann Mehl und Milch unterheben.
2. Ein Blech mit Backpapier auslegen und das Backrohr auf 180 °C Ober-/Unterhitze vorheizen.
3. Die Masse in einen Dressiersack mit gezackter Tülle Nr. 12 füllen und 12 ungefähr handtellergroße Kipferl auf das Blech spritzen. Auf der mittleren Schiene ins Backrohr schieben. Die Temperatur auf 160 °C reduzieren und die Kipferl ca. 25 Minuten lang backen.
4. Herausnehmen und überkühlen lassen. Die Hälfte der Kipferl mit erhitzter Marillenmarmelade bestreichen und jeweils ein anderes Kipferl daraufsetzen. Die Kipferl vollständig abkühlen lassen.
5. Die Kuvertüre mit dem Fett in einem ca. 35 °C warmen Wasserbad schmelzen. Die Enden der Kipferl eintauchen und auf einem Kuchengitter trocknen lassen.

Mandel-Schokokuchen

Zutaten

für 1 große Kastenform von 26 × 11 cm

⏲ 1 Stunde 20 Minuten

Für den Teig

6 Bio-Freilandeier
210 g Rohmarzipan
Mark von ½ Vanilleschote
abgeriebene Schale von ½ unbehandelter Bio-Zitrone
130 g Kristallzucker
1 Prise Salz
120 g Mehl
100 g fein gehackte Bitterschokolade
75 g flüssige Butter

Butter für die Form
50 g gehobelte Mandeln
Staubzucker zum Bestreuen

Zubereitung

1. Eier trennen. Dotter mit zerriebenem Marzipan, Vanillemark und Zitronenschale schaumig rühren.
2. Eiklar mit Kristallzucker und Salz zu Schnee schlagen.
3. Backrohr auf 180 °C Ober-/Unterhitze vorheizen.
4. Schnee und Dottermasse vorsichtig vermischen. Das Mehl mit der geriebenen Schokolade vermengen und unterheben. Zum Schluss die flüssige Butter einrühren.
5. Die Backform mit Butter ausstreichen und mit gehobelten Mandeln bestreuen. Die Teigmasse einfüllen und im Rohr 50 bis 60 Minuten lang backen. Herausnehmen und aus der Form stürzen. Nach dem Auskühlen mit Staubzucker bestreuen.

→ Den Kuchen muss man nicht unbedingt in einer Kastenform machen. Er sieht auch als Gugelhupf oder in Rehrückenform gut aus.

Mohngolatschen

Zutaten

für 10 Golatschen

⏲ 3 Stunden inkl. Backzeit

Für den Teig

400 g Plunderteig

(siehe Grundrezept S. 191)

Für die Fülle

200 g Mohnfülle

(siehe Grundrezept S. 195)

Für die Glasur

versprudeltes Ei zum Bestreichen

Marillenmarmelade

Fondant

Zubereitung

1. Plunderteig ca. 4 mm dick ausrollen und in 11 × 11 cm große Quadrate schneiden.
2. Je 1 Esslöffel Mohnfülle in die Mitte setzen. Die vier Ecken mit Ei bestreichen und zur Mitte hin einklappen. Oben ein kleines, mit Ei bestrichenes Teigquadrat auflegen.
3. Backrohr auf 190 °C Ober-/Unterhitze vorheizen.
4. Die Golatschen auf ein mit Backpapier ausgelegtes Blech setzen und an einem warmen Platz aufgehen lassen. Im vorgeheizten Backrohr ca. 20 Minuten lang backen.
5. Nach dem Backen dünn mit heißer Marillenmarmelade und mit leicht erwärmtem Fondant bestreichen.

Rehrücken

Zutaten

für 1 Form

⏲ 2½ Stunden

Für den Teig

120 g Schokolade (60 % Kakao)
120 g zimmerwarme Butter
5 Bio-Freilandeier
160 g Feinkristallzucker
1 TL Vanillezucker
1 Prise Lebkuchengewürz
1 Prise Salz
⅓ TL Backpulver
150 g geschälte gemahlene Mandeln
60 g gemahlene Biskotten
Butter und Zucker für die Form

Für Glasur und Dekoration

150 g Orangenmarmelade
200 g Zartbitterkuvertüre
30 g Butter
2 EL Obers
80 g Mandelstifte

Zubereitung

1. Das Backrohr auf 180 °C Ober-/Unterhitze vorheizen.
2. Eine Metallschüssel in ein 50 °C warmes Wasserbad stellen und die klein geschnittene Schokolade darin vollständig schmelzen.
3. Die Butter schaumig schlagen. Die Eier trennen und die Dotter mit 50 g Zucker und Vanillezucker cremig rühren.
4. Butter, Dottercreme, Schokolade und Lebkuchengewürz verrühren und mit dem Handmixer luftig aufschlagen.
5. Eiklar mit Salz und Zucker zu mittelfestem Schnee schlagen. Backpulver, Mandeln und Biskotten mischen und mit dem Eischnee abwechselnd vorsichtig unter die Schokocreme heben.
6. Eine Rehrückenform mit Butter ausstreichen und mit Zucker ausstreuen. Die Masse einfüllen und im Backrohr auf der mittleren Schiene ca. 45 bis 50 Minuten backen.
7. Den Kuchen auf ein Kuchengitter stürzen und abkühlen lassen.
8. Die Orangenmarmelade aufkochen, durch ein Sieb streichen und damit den abgekühlten Kuchen dünn bestreichen.
9. Die Kuvertüre mit Butter und Obers schmelzen, glatt rühren und gleichmäßig über den Kuchen gießen. Die Mandelstifte wie Igelstacheln in den Rehrücken stecken.

→ Der klassische Rehrücken wird ungefüllt wie oben zubereitet. Luxusvariante (Foto): Den ausgekühlten Rehrücken zwei- bis dreimal der Länge nach durchschneiden und mit Pariser Creme (½ Menge vom Grundrezept S. 194) füllen. Falls sie zu fest ist, mit dem Schneebesen rühren, bis sie streichfähig wird. Den Rehrücken zusammensetzen und rundherum ebenfalls mit Pariser Creme einstreichen. Kalt stellen und dann glasieren.

Schratt-Gugelhupf

Zutaten

für 1 große Gugelhupfform

⏲ 2 Stunden

Für den Teig

¼ l Milch

30 g Germ (Hefe)

500 g glattes Mehl

150 g Butter

180 g Kristallzucker

6 Eidotter

1 Prise Salz

abgeriebene Schale von

1 unbehandelter Bio-Zitrone

1 EL Zimt

50 g Rosinen

Butter und gehobelte Mandeln

für die Form

Staubzucker zum Bestreuen

Zubereitung

1. Milch lauwarm anwärmen und die Germ darin auflösen. Mit einem Teil des Mehls zu einem weichen Dampfl abmischen. Das restliche Mehl über den Vorteig geben, warm stellen und 20 Minuten lang gehen lassen.
2. Butter mit Kristallzucker gut schaumig rühren, dann die Dotter unterrühren.
3. Den reifen Vorteig mit Salz und Zitronenschale zur Butter-Dotter-Masse geben und alles zu einem etwas weich gehaltenen Teig abmischen. Den Teig so lange schlagen, bis er sich seidig anfühlt und vom Schüsselrand löst. Zugedeckt 30 Minuten rasten lassen.
4. Das Backrohr auf 180 °C Unterhitze vorheizen.
5. Den Teig auf einem bemehlten Nudelbrett ca. ½ cm dick im Quadrat ausrollen. Gleichmäßig mit Zimt und Rosinen bestreuen und einrollen.
6. Eine Gugelhupfform mit Butter ausstreichen und mit gehobelten Mandeln ausstreuen. Den Teig hineinlegen und mit Butter bestreichen. Warm stellen und bis knapp unter den Rand aufgehen lassen.
7. Dann im vorgeheizten Rohr bei 180 °C ca. 40 Minuten lang backen. Aus der Form stürzen, abkühlen lassen und anzuckern.

Das Rezept stammt von der Burgschauspielerin Katharina Schratt, der Busenfreundin von Kaiser Franz Joseph. Dieser schaute oftmals nach seinem Morgenspaziergang in der Schratt-Villa in Bad Ischl auf einen Kaffee und einen Gugelhupf vorbei. Um 7 Uhr, weil er ein Frühaufsteher war. Da die Schratt aber nicht immer um 4 Uhr morgens – so ein Germteig braucht schließlich seine Zeit – in der Küche stehen wollte und außerdem Angst hatte, dass er ihr misslingen könnte, gab sie ihr Geheimrezept an den Zauner weiter. Inklusive Dauerauftrag für 3 Gugelhupfe, die täglich spätestens um 6.30 Uhr geliefert werden mussten. Der Kaiser, der den Schratt-Gugelhupf zeit seines Lebens hoch lobte, wusste also bis zu seinem Tod nicht, wer den Gugelhupf wirklich gemacht hatte.

Vanillebrezen

Zutaten

für 10 Brezen

⏲ 2 Stunden 40 Minuten

Für den Teig

600 g Plunderteig
(siehe Grundrezept S. 191)

Für die Creme

400 g Vanillecreme
(siehe Grundrezept S. 194)

1 verquirltes Bio-Freilandei
zum Bestreichen
100 g gehobelte Mandeln
zum Bestreuen
50 g Marillenmarmelade und
ca. 100 g Fondant zum Bestreichen

Zubereitung

1. Plunderteig ca. 4 mm dick ausrollen und in Streifen von 32 × 4 cm schneiden.
2. Die Teigstreifen mit Ei bestreichen und den gehobelten Mandeln bestreuen.
3. Mit der unbestrichenen Seite zusammenklappen, jeweils 1 Streifen wie eine Kordel eindrehen und auf einem mit Backpapier ausgelegten Blech zu einer Brezen formen.
4. Die Vanillecreme in einen Dressiersack mit Lochtülle (10 mm Durchmesser) füllen und in die drei „Augen" der Brezen füllen.
5. Das Backrohr auf 190 °C Ober-/Unterhitze vorheizen.
6. Die Brezen an einem warmen Platz aufgehen lassen. Dann im Backrohr ca. 20 Minuten backen.
7. Nach dem Backen dünn mit heißer Marillenmarmelade und mit leicht erwärmtem Fondant bestreichen.

→ Diese Vanillebrezen schmecken auch mit Blätterteig (eventuell gekauftem) ausgezeichnet!

Böhmischer Patzlkuchen

Zutaten

für 1 Backblech von 30 × 40 cm

⏲ 2 Stunden

Für den Teig

⅛ l Milch
20 g Germ (Hefe)
300 g glattes Mehl
30 g Butter
40 g Kristallzucker
2 Dotter
1 Prise Salz
etwas abgeriebene Schale einer unbehandelten Bio-Zitrone

Für den Streusel

100 g glattes Mehl
70 g Butter
50 g Kristallzucker

200 g Powidl
Butter für das Blech
Staubzucker zum Anzuckern

Für die Mohnfülle

siehe Grundrezept S. 195

Für die Nussfülle

⅛ l Milch
50 g Zucker
20 g Honig
150 g geriebene Walnüsse
etwas Vanillezucker oder
Mark von ½ Vanilleschote
1 Schuss Rum

Für die Topfenfülle

¼ kg Topfen
1 Dotter
30 g Zucker
30 g Milch
etwas Vanillezucker oder
Mark von ½ Vanilleschote
abgeriebene Schale von
⅓ unbehandelter Bio-Zitrone

Zubereitung

1. Für den Teig Milch anwärmen und Germ darin auflösen. Die restlichen Zutaten zugeben und zu einem feinen Teig abkneten. Zudecken und ca. 20 Minuten rasten lassen.
2. Mohnfülle laut Grundrezept zubereiten.
3. Für die Nussfülle Milch, Zucker und Honig aufkochen. Vom Herd nehmen und die restlichen Zutaten einrühren.
4. Für die Topfenfülle alle Zutaten mit dem Schneebesen glatt rühren.
5. Das Backrohr auf 180 °C Ober-/Unterhitze vorheizen. Ein Backblech dünn mit Butter bestreichen.
6. Den Teig rechteckig in der Größe des Backblechs ausrollen. Auf das Blech legen und ca. 30 Minuten lang gehen lassen. Dann abwechselnd die verschiedenen Füllungen (Mohn, Nuss, Topfen) und den Powidl in teelöffelgroßen „Patzln" darauf verteilen.
7. Für den Streusel alle Zutaten auf einem Brett zusammenkneten und zwischen den Händen verreiben. Den Streusel über den Kuchen verteilen. Ins Backrohr schieben und ca. 20 Minuten lang backen. Herausnehmen und überkühlen lassen.
8. Vor dem Servieren anzuckern und in gleich große Stücke teilen.

→ Am besten schmeckt der Patzlkuchen lauwarm. Da er lange saftig bleibt, wird er aber auch gern kalt gegessen.

Brombeerdatschi mit Pistazienstreusel

Zutaten

für 1 Backblech von 25 × 35 cm

⏲ 2 Stunden

Für den Teig

180 ml lauwarme Milch
20 g Germ (Hefe)
400 g glattes Mehl
50 g Feinkristallzucker
2 TL Vanillezucker
etwas abgeriebene Schale einer unbehandelten Bio-Zitrone
½ TL Salz
1 Bio-Freilandei
1 Dotter
50 g flüssige Butter

Für den Streusel

50 g gemahlene Pistazien
30 g glattes Mehl
30 g Kristallzucker
30 g kalte Butter

400 g Brombeeren
Staubzucker zum Bestreuen

Zubereitung

1. Für das Dampfl (Vorteig) die Hälfte der lauwarmen Milch und die Germ in einer kleinen Schüssel mit etwas Mehl zu einem weichen Vorteig verrühren und zugedeckt ca. 15 Minuten gehen lassen.
2. Das Dampfl mit den restlichen Zutaten zu einem glatten Teig verkneten. In eine Schüssel geben, mit einem feuchten Tuch bedecken und 45 Minuten gehen lassen.
3. Für den Streusel alle Zutaten vermischen und mit den Fingern zerreiben.
4. Das Backrohr auf 180 °C Ober-/Unterhitze vorheizen.
5. Den Teig auf die Größe des Backblechs ausrollen. Das Blech mit Backpapier belegen, den Teig darauflegen und in die Ecken drücken. Mit den Fingerspitzen viele kleine Mulden in den Teig drücken und mit Brombeeren belegen. Den Streusel über die Beeren verteilen und den Kuchen auf der mittleren Schiene 25 bis 30 Minuten backen.
6. Mit Staubzucker bestreut servieren.

→ Als Variante kann man anstatt des Zuckers die Brombeeren mit Agar-Agar abglänzen.

Müsli-Blechkuchen

Zutaten

für 1 Backblech von 25 × 35 cm

⏲ 1 Stunde 10 Minuten

Für den Teig

1 Vanilleschote
150 g weiche Butter
120 g Lindenblütenhonig
5 Bio-Freilandeier
70 ml Milch
200 g Weizenvollkornmehl
2 TL Weinstein-Backpulver
100 g gemahlene Haferflocken

Für den Belag

3 Birnen
120 g Heidelbeeren
je 2 EL Haferflocken und Maisflocken
1 TL Leinsamen

Lindenblütenhonig zum Beträufeln
Staubzucker zum Bestreuen

Zubereitung

1. Das Backrohr auf 180 °C Ober-/Unterhitze vorheizen.
2. Die Vanilleschote längs halbieren und das Mark mit dem Messerrücken ausschaben. Butter und Vanillemark mit dem Handmixer cremig rühren, den Honig unterrühren.
3. Eier cremig aufschlagen und tröpfchenweise unter die Buttercreme schlagen. Milch, Mehl, Backpulver und Haferflocken mit dem Mixer einrühren.
4. Ein Backblech mit Backpapier auslegen und den Teig aufstreichen.
5. Die Birnen schälen, halbieren und entkernen. In Spalten schneiden und auf dem Kuchenteig verteilen. Mit Heidelbeeren, Haferflocken, Maisflocken und Leinsamen bestreuen und im Ofen 35 bis 40 Minuten backen.
6. Den lauwarmen Kuchen mit Honig beträufeln, abkühlen lassen und anzuckern.

Pfirsich-Marzipankuchen

Zutaten

für 1 Backblech von 30 × 40 cm

⏲ 2 Stunden

Für den Teig

180 ml lauwarme Milch
25 g Germ (Hefe)
400 g glattes Mehl
50 g gemahlene geschälte Mandeln
50 g Feinkristallzucker
50 g Rohmarzipan
abgeriebene Schale von
½ unbehandelter Bio-Orange
1 Bio-Freilandei
1 Dotter
50 g flüssige Butter
½ TL Salz

Für den Marzipanstreusel

40 g Mehl
20 g kalte Butter
30 g Rohmarzipan
25 g Kristallzucker
1 TL Vanillezucker

1 kg Pfirsiche
Staubzucker zum Bestreuen

Zubereitung

1. 80 ml Milch und Germ in einer Schüssel mit 2 EL Mehl glatt rühren und das Dampfl 15 Minuten reifen lassen.
2. Mehl mit Mandeln in eine Schüssel geben und in der Mitte eine Mulde formen. Zucker und Marzipan zerreiben und mit der restlichen Milch, Orangenschale, Ei, Dotter, Butter und Salz in die Mulde geben. Dampfl zugeben und zu einem glatten Teig kneten.
3. In einer Schüssel mit einem feuchten Tuch bedecken und 45 Minuten gehen lassen.
4. Für den Streusel das Marzipan zerkleinern, mit den restlichen Zutaten vermischen und die Masse mit den Fingern zerreiben.
5. Das Backrohr auf 180 °C Ober-/Unterhitze vorheizen.
6. Die Pfirsiche halbieren und in dünne Spalten schneiden.
7. Den Teig auf die Größe des Backblechs ausrollen. Das Blech mit Backpapier auslegen, den Teig darauflegen und in die Ecken drücken.
8. Die Pfirsichspalten auf den Teig schichten und mit Marzipanstreusel bestreuen.
9. Den Kuchen 30 bis 35 Minuten backen. Auskühlen lassen und mit Staubzucker bestreuen.

Waldviertler Apfel-Mohnkuchen

Zutaten
für 1 Springform mit
28 cm Durchmesser
1 Stunde

Für den Teig
80 g zimmerwarme Butter
100 g Feinkristallzucker
abgeriebene Schale von
½ unbehandelter Bio-Orange
1 Prise Salz
3 Dotter
100 g geriebener Mohn
40 g glattes Mehl

1 kg Äpfel (z. B. Topaz)
3 Eiklar

Butter für die Form
2 EL flüssige Butter zum Bestreichen
2 TL Kristallzucker zum Bestreuen

Zubereitung

1. Butter mit der Hälfte des Zuckers mit einem Handmixer schaumig rühren. Orangenschale und Salz einmischen, dann nach und nach Eidotter unterrühren.
2. Mohn mit Mehl vermischen.
3. Äpfel schälen und vierteln. Die Apfelstücke mit einem Messer mehrmals der Länge nach einschneiden.
4. Backrohr auf 180 °C Ober-/Unterhitze vorheizen.
5. Eiklar mit dem restlichen Zucker zu einem festen Schnee schlagen. Abwechselnd mit dem Mohn-Mehl-Gemisch unter die Eidottermasse heben.
6. Eine Springform mit Butter ausstreichen, die Mohnmasse einfüllen und glatt streichen. Die Äpfel mit der eingeschnittenen Seite nach oben darauf verteilen und mit flüssiger Butter bestreichen. Mit Zucker bestreuen und im Backrohr 40 Minuten lang backen.

Walnussschnitte

Zutaten

für 1 Kastenform von 26 × 11 cm

⏲ 2 Stunden

plus 1 Stunde zum Absteifen

Für die Nussmasse

6 Bio-Freilandeier
100 g Kristallzucker
½ Pkg. Vanillezucker oder Mark von ½ Vanilleschote
abgeriebene Schale von ½ unbehandelter Bio-Zitrone
1 Prise Salz
120 g Mehl
120 g geriebene Walnüsse
40 g flüssige Butter
50 g Butter für die Form

Für die Creme

50 g Vanillecreme (siehe Grundrezept S. 194)
35 g Staubzucker
50 g dunkler Nussnougat
40 g geröstete, geriebene Walnüsse
130 g weiche Butter

Für die Garnitur

ca. 150 g Marzipan
ca. 150 g Milchkuvertüre
12 halbe Walnüsse

Zubereitung

1. Backrohr auf 185 °C Ober-/Unterhitze vorheizen.
2. Für die Masse Eier trennen. Dotter mit einem Drittel des Kristallzuckers, Vanillezucker und Zitronenschale schaumig rühren. Eiklar mit dem restlichen Kristallzucker und 1 Prise Salz zu Schnee schlagen. Mehl mit den geriebenen Walnüssen versieben.
3. Dottermasse und Schnee vorsichtig vermischen. Das Mehl-Nuss-Gemisch darunterheben und die flüssige Butter einrühren. Die Nussmasse in eine mit Butter ausgestrichene Kastenform füllen und glatt streichen. Im Backrohr 40 bis 45 Minuten lang backen. Aus der Form stürzen und abkühlen lassen.
4. Für die Creme die fertige Vanillecreme mit Staubzucker glatt rühren. Nussnougat leicht erwärmen und mit den Walnüssen vermischen. Mit der Vanillecreme vermischen und mit der weichen Butter aufschlagen.
5. Die gebackene Nussmasse zweimal quer durchschneiden, mit Creme füllen und wieder zusammensetzen. Zum Absteifen für 1 Stunde in den Kühlschrank stellen.
6. Das Marzipan dünn ausrollen und den Kuchen damit eindecken. Milchkuvertüre auf ca. 30 °C temperieren und den Kuchen damit glasieren. Sofort nach dem Absteifen der Glasur mit einem heißen Messer zu Schnitten portionieren und jeweils mit einer halben Walnuss garnieren.

Schnitten & Rouladen

Bananenschnitten

Zutaten

für 1 Backblech von 30 × 40 cm

◷ 2 Stunden

plus 1 Stunde zum Absteifen

Für den Boden

350 g Mürbteig

(siehe Grundrezept S. 191)

Für das Schokoladebiskuit

5 Bio-Freilandeier

100 g Kristallzucker

1 Prise Salz

90 g glattes Mehl

10 g Kakaopulver

Für die Creme

200 g Vanillecreme

(siehe Grundrezept S. 194)

1 Schuss Rum

100 g Bitterschokolade

10–12 Bananen

400 ml geschlagenes Obers

Für das Vanilleobers:

350 ml Schlagobers

1 Blatt Gelatine

1 EL Staubzucker

½ Pkg. Vanillezucker oder

Mark von ½ Vanilleschote

Schokospäne für die Garnitur

→ Kann ohne Vanilleobers am Vortag hergestellt werden. ½ Stunde vor dem Servieren aus dem Kühlschrank nehmen, mit Vanilleobers und Schokospänen garnieren. Kurz kalt stellen, dann aufschneiden.

Zubereitung

1. Backrohr auf 190 °C Ober-/Unterhitze vorheizen.
2. Den Mürbteig dünn auf Backblechgröße ausrollen und im Rohr ca. 10 Minuten goldgelb backen. Herausnehmen und das Backrohr mit 190 °C Unterhitze weiter in Betrieb halten.
3. Für das Biskuit die Eier trennen. Die Dotter mit einem Drittel des Zuckers schaumig schlagen. Eiklar mit dem restlichen Zucker und Salz zu Schnee schlagen. Beide Massen vorsichtig vermischen. Mehl mit Kakaopulver versieben und unterheben.
4. Ein Blech mit Backpapier auslegen und die Masse rechteckig aufstreichen. Bei 190 °C Unterhitze ca. 10 bis 15 Minuten backen. Herausnehmen und das Biskuit vom Backpapier trennen.
5. Für die Creme die fertige Vanillecreme mit Rum glatt rühren. Bitterschokolade schmelzen und unterrühren, eventuell über Wasserdampf etwas anwärmen, damit sich das geschlagene Obers homogener unterziehen lässt. 1 Banane schälen, mixen und einmischen, zum Schluss das geschlagene Obers unterheben.
6. Den Mürbteigboden dünn mit etwas Creme bestreichen. Das Schokoladebiskuit darauflegen und ca. 3 cm dick mit der Schokocreme bestreichen.
7. Die restlichen Bananen schälen, halbieren und gleichmäßig verteilt in die Creme drücken. Die Oberfläche mit der Teigkarte glatt streichen. Zum Absteifen ca. 1 Stunde in den Kühlschrank stellen.
8. In der Zwischenzeit für das Vanilleobers Schlagobers aufschlagen. Gelatine in kaltem Wasser einweichen. Dann das Wasser bis auf einen kleinen Rest abschütten und die aufgequollene Gelatine unter ständigem Rühren am Herd auflösen.
9. Staubzucker, Vanillezucker und die aufgelöste Gelatine vorsichtig unter das geschlagene Obers heben. Gleichmäßig auf die Schnitten streichen und mit Schokospänen bestreuen.
10. Noch kurz im Kühlschrank durchkühlen und dann aufschneiden.

Holländer-Cremeschnitten

Zutaten

für 1 Backblech von 40 × 30 cm
(8 bis 10 Schnitten)
1 Stunde
plus 4 Stunden für den Blätterteig

Für den Teig

½ Menge Blätterteig
(siehe Grundrezept S. 192)

Für die Creme

600 g Vanillecreme
(siehe Grundrezept S. 194)
1/16 l Kirschbrand
900 ml nicht zu fest
geschlagenes Obers
7 Blatt Gelatine
200 g Weichseln
50 g Staubzucker
Mark von ½ Vanilleschote

Ribiselmarmelade und Zuckerglasur
zum Bestreichen
Schlagobers und Kirschen für
die Garnitur

Zubereitung

1. Backrohr auf 190 °C bis 200 °C Ober-/Unterhitze vorheizen.
2. Blätterteig ausrollen und auf die Backblechgröße von 40 × 30 cm zuschneiden. Auf das leicht befettete Blech legen und mit einer Gabel stupfen. Im Backrohr ca. 20 Minuten backen. Herausnehmen und in 2 Platten mit 20 × 30 cm halbieren.
3. Für die Creme die ausgekühlte Vanillecreme mit Kirschbrand glatt rühren. 300 ml Obers nicht zu fest aufschlagen und unterheben. 5 Blatt Gelatine in kaltem Wasser einweichen. Dann das Wasser bis auf einen kleinen Rest abschütten und die aufgequollene Gelatine unter ständigem Rühren am Herd auflösen. Dünn fließend mit der Schneerute unter die Creme rühren.
4. Auf die 1. Platte Blätterteig einen rechteckigen Rahmen aufsetzen. Die Creme darin verstreichen und die Weichseln gleichmäßig darauf verteilen.
5. Das restliche Obers aufschlagen, vorsichtig Staubzucker und Vanillemark unterheben. 2 Blatt Gelatine einweichen, auflösen und dünn fließend einrühren. Das Obers auf die Cremeschicht streichen. Im Kühlschrank ca. 30 Minuten absteifen lassen.
6. Den 2. Blätterteig zuerst dünn mit heißer Ribiselmarmelade und dann mit Zuckerglasur bestreichen. Antrocknen lassen, eventuell auf die passende Größe zurechtschneiden und auf die abgesteifte Creme legen.
7. In Schnitten schneiden, mit Schlagobers und Kirschen garnieren.

Kardinalschnitten

Zutaten
für 1 Backblech von 30 × 40 cm
⏲ 2 Stunden

Für die Masse
6 Bio-Freilandeier
160 g Kristallzucker
90 g Staubzucker
25 g Weizenstärke
70 g glattes Mehl

Für die Kaffeeoberscreme
10 g Löskaffee
20 ml Rum
½ l Schlagobers
70 g Staubzucker
2 Blatt Gelatine

Schokospäne zum Bestreuen

→ **Variante mit Erdbeeren:**
250 g Erdbeeren, 50 g Zucker, ½ l geschlagenes Obers, 2 Blatt Gelatine, Krokant zum Bestreuen

Erdbeeren putzen, waschen und trocken tupfen. 50 g Erdbeeren mit Zucker mixen und vorsichtig unter das geschlagene Obers heben. Gelatine in kaltem Wasser einweichen. Dann das Wasser bis auf einen kleinen Rest abschütten und die aufgequollene Gelatine unter ständigem Rühren am Herd auflösen. Dann in das Erdbeerobers rühren. Die Kardinalschnitte der Länge nach dritteln und in zwei Schichten mit Obers füllen. In die 1. Schicht halbierte Erdbeeren einlegen. Zum Schluss die Seiten mit Krokant bestreuen.

Zubereitung

1. Eier in Eiklar und Dotter trennen.
2. Für die 1. Masse 4 Eiklar mit 90 g Kristallzucker zu Schnee schlagen. Den Staubzucker mit 10 g Weizenstärke vermischen und vorsichtig unter den Schnee heben.
3. Für die 2. Masse 4 Dotter mit 2 ganzen Eiern und dem restlichen Kristallzucker über Wasserdampf warm schlagen, dann kalt schlagen. Die restliche Weizenstärke mit Mehl vermischen und vorsichtig unterheben.
4. Das Backblech mit Backpapier auslegen. Backofen auf 190 °C Unterhitze vorheizen.
5. Die 1. und die 2. Masse jeweils in einen Dressiersack mit Lochtülle (10 mm Durchmesser) füllen und abwechselnd auf das Blech dressieren – 3 Längen mit der Biskuitmasse (2. Masse) und dazwischen 2 Längen mit der Eiklarmasse (1. Masse).
6. Im vorgeheizten Backrohr mit Unterhitze ca. 15 Minuten backen. Nach dem Backen sofort vom heißen Backblech ziehen und auf einer Arbeitsfläche auskühlen lassen. Dann mithilfe einer Palette vom Backpapier lösen.
7. Für die Kaffeeoberscreme Löskaffee in Rum auflösen. Obers aufschlagen, Staubzucker und Kaffee unterziehen. Gelatine in kaltem Wasser einweichen. Das Wasser bis auf einen kleinen Rest abschütten und die aufgequollene Gelatine am Herd auflösen. Dann unter ständigem Rühren vorsichtig unter das Kaffeeobers rühren.
8. Das gebackene Biskuit der Länge nach dritteln und mit zwei Schichten Kaffeeoberscreme füllen. Die obere Kaffeeobersschicht leicht gewölbt aufstreichen, sodass eine Kuppelform entsteht. Zum Schluss die Seiten mit Schokospänen bestreuen. Im Kühlschrank kurz anziehen lassen, dann in Schnitten schneiden.

Ribiselschaumschnitten

Zutaten
für 1 Blech von 25 × 30 cm
⏲ 2 Stunden

Für den Boden
250 g Mürbteig
(siehe Grundrezept S. 191)

Ribiselmarmelade zum Bestreichen

Für das Biskuit
4 Bio-Freilandeier
80 g Kristallzucker
1 Prise Salz
70 g glattes Mehl
10 g Kakaopulver

Für den Belag
300 g Vanillecreme
(siehe Grundrezept S. 194)
1 Schuss Cassislikör
100 ml Schlagobers
6 Blatt Gelatine
ca. 250 g Ribiseln
5 Eiklar
300 g Kristallzucker

Zubereitung

1. Backrohr auf 190 °C Ober-/Unterhitze vorheizen. Ein Backblech mit Backpapier auslegen.
2. Den Mürbteig dünn auf Backblechgröße ausrollen und 10 Minuten goldgelb backen. Herausnehmen und das Rohr bei 210 °C Unterhitze weiter in Betrieb halten.
3. Für das Biskuit die Eier trennen. Dotter mit einem Drittel des Zuckers schaumig rühren. Eiklar mit dem restlichen Zucker und Salz zu Schnee schlagen. Beide Massen vorsichtig vermischen. Mehl mit Kakaopulver versieben und unterheben.
4. Ein Backblech mit Backpapier auslegen. Die Masse rechteckig aufstreichen und im vorgeheizten Backrohr ca. 10 Minuten backen. Danach das Biskuit vom Blech ziehen, auskühlen lassen und das Papier ablösen.
5. Den Mürbteigboden mit Ribiselmarmelade bestreichen. Das Biskuit drauflegen und ebenfalls mit Ribiselmarmelade bestreichen.
6. Die ausgekühlte Vanillecreme mit Cassislikör glatt rühren, geschlagenes Obers vorsichtig unterheben. Gelatine in kaltem Wasser einweichen. Das Wasser bis auf einen kleinen Rest abschütten, die aufgequollene Gelatine unter ständigem Rühren am Herd auflösen, dann unter die Creme rühren.
7. Die Creme gleichmäßig auf der Schnitte verteilen. Am besten setzt man dafür einen Rahmen auf, damit sie nicht verrinnt.
8. Die Ribiseln waschen, abtupfen und gleichmäßig auf die Vanillecreme streuen. Ein paar Ribiseln für die Garnitur beiseitestellen. Die Schnitte zum Absteifen in den Kühlschrank stellen.
9. Backrohr auf 250 °C Oberhitze vorheizen.
10. Für die Baisermasse Eiklar mit der Hälfte des Kristallzuckers zu Schnee schlagen. Den restlichen Zucker mit etwas Wasser bei 116 °C zum Kettenflug kochen (Probe: Durch eine Drahtschlinge lässt sich der Zucker wie Seifenblasen pusten). Dann langsam in den festen Eischnee rühren. Noch kurz (ca. 15 Sekunden) weiterschlagen und die Baisermasse gleichmäßig auf die Schnitten streichen.
11. Als Verzierung eventuell mit einem Riffkamm ein Muster ziehen und Baiser-Rosetten aufdressieren.
12. Kurz im vorgeheizten Backrohr abflämmen und auskühlen lassen. Mit Ribiseln garnieren und in Schnitten teilen.

Biskuitroulade

Zutaten

für 1 Roulade

40 Minuten

Für das Biskuit

5 Bio-Freilandeier

100 g Kristallzucker

1 Prise Salz

½ Pkg. Vanillezucker oder

Mark von ½ Vanilleschote

100 g glattes Mehl

Marillenmarmelade zum Füllen

Zubereitung

1. Backrohr auf 210 °C Unterhitze vorheizen.
2. Eier trennen und das Eiklar mit zwei Dritteln des Zuckers und Salz zu Schnee schlagen.
3. Die Dotter mit einem Drittel des Zuckers und Vanillemark schaumig rühren. Beide Massen vorsichtig vermischen und das Mehl unterheben.
4. Ein Blech mit Backpapier auslegen, die Masse aufstreichen und im Rohr ca. 10 Minuten lang backen. Herausnehmen, sofort stürzen und das mitgebackene Papier abziehen.
5. Mit Marillenmarmelade bestreichen und noch heiß so zusammenrollen, dass möglichst kein Hohlraum entsteht.

→ Rouladen generell nur mit Unterhitze backen! Dadurch wird die Unterseite schön hellbraun, und das Backpapier lässt sich problemlos ablösen.

Erdbeerroulade

Zutaten
für 1 Roulade
⏲ 45 Minuten

Für das Biskuit
5 Bio-Freilandeier
70 g Kristallzucker
etwas abgeriebene Schale einer unbehandelten Bio-Zitrone
80 g glattes Weizenmehl

Für die Creme
230 g Erdbeermark (Erdbeeren und Staubzucker 1:1)
2 Blatt Gelatine
450 ml Schlagobers
180 g Ananaserdbeeren

Zubereitung

1. Backrohr auf 200 °C Unterhitze vorheizen.
2. Eier trennen, Dotter mit 20 g Zucker und etwas abgeriebener Zitronenschale schaumig rühren.
3. Eiklar mit dem restlichen Zucker zu Schnee schlagen und unter die Dottermasse ziehen. Dann Mehl vorsichtig unterheben.
4. Backpapier mit 35 cm im Quadrat auf ein Backblech legen, die Masse aufstreichen und im Rohr ca. 10 Minuten backen.
5. Das Biskuit im ausgekühlten Zustand auf ein Papier stürzen und das mitgebackene Papier abziehen.
6. In der Zwischenzeit für das Erdbeermark eine größere Menge geputzter und gewaschener Erdbeeren mit einer Teigkarte durch ein feines Sieb passieren. Mit Staubzucker im Verhältnis 1:1 vermischen. 230 g Erdbeermark für die Roulade beiseitestellen, den Rest in sterilisierte Gläser abfüllen. Das Erdbeermark ist im Kühlschrank bis zu 1 Monat haltbar.
7. Mit einer Palette das Biskuit mit Erdbeermark bestreichen (dafür braucht man ca. 80 g).
8. Gelatine in kaltem Wasser einweichen. Dann das Wasser bis auf einen kleinen Rest abschütten und die aufgequollene Gelatine unter ständigem Rühren am Herd auflösen.
9. 150 g Erdbeermark unter das geschlagene Obers ziehen. Die aufgelöste Gelatine dünn fließend mit der Schneerute unterrühren.
10. Die Erdbeercreme gleichmäßig auf das Biskuit streichen (ca. ein Fünftel der Creme aufheben).
11. Erdbeeren putzen und waschen. Ca. 130 g Erdbeeren zerkleinern und auf der Creme verteilen.
12. Das Biskuit zusammenrollen und mit der restlichen Creme bestreichen und garnieren. Mit halbierten Erdbeeren belegen und 30 Minuten im Kühlschrank absteifen lassen.

→ Walderdbeeren sind vom Aroma unübertroffen, allerdings sehr teuer. Verwenden Sie für die Roulade besser Ananaserdbeeren.

Kaffeebuttercreme-Roulade

Zutaten
für 1 Roulade
⏲ 1½ Stunden

Für das Biskuit
5 Bio-Freilandeier
1 KL löslicher Kaffee
100 g Kristallzucker
1 Prise Salz
100 g glattes Mehl

Für die Creme
100 g Vanillecreme
(siehe Grundrezept S. 194)
50 g Staubzucker
30 ml Kaffeelikör
1 KL löslicher Kaffee
20 ml Rum
180 g Butter

Marillenmarmelade zum Bestreichen
400 g Fondant oder Zuckerglasur
1 TL löslicher Kaffee
1 Schuss Rum
evtl. Läuterzucker (Zucker und Wasser, im Verhältnis 1:1 gekocht)
evtl. flüssige, temperierte Kuvertüre und Schokobohnen zum Garnieren

Zubereitung

1. Backrohr auf 210 °C Unterhitze vorheizen.
2. Eier trennen. Dotter mit einem Drittel des Kristallzuckers und dem Löskaffee schaumig rühren. Eiklar mit dem restlichen Kristallzucker und Salz zu Schnee schlagen. Beide Massen vorsichtig zusammenmischen und das Mehl unterheben.
3. Ein Blech mit Backpapier auslegen und die Masse aufstreichen. Im Rohr ca. 10 bis 15 Minuten backen. Dann auf ein Papier stürzen.
4. Für die Creme die Vanillecreme mit Staubzucker, Kaffeelikör, Löskaffee und Rum glatt rühren. Weiche Butter schaumig schlagen, die Vanillecreme zugeben und fertig aufschlagen.
5. Das mitgebackene Papier vom Biskuit vorsichtig abziehen und die Creme gleichmäßig darauf verstreichen. Das Biskuit möglichst ohne Hohlraum einrollen und zum Absteifen in den Kühlschrank stellen.
6. Die Roulade dünn mit heißer Marillenmarmelade bestreichen. Fondant auf ca. 45 °C erwärmen, Löskaffee in Rum auflösen und das Fondant damit einfärben. Eventuell mit Läuterzucker verdünnen. Die Roulade dünn glasieren und nach Belieben mit temperierter Kuvertüre und Schokobohnen garnieren.

→ Zum Verzieren kann man die temperierte Kuvertüre in einen Spritzsack füllen und die glasierte Roulade überspritzen. Man kann auch etwas vom Fondant mit flüssiger Schokolade oder Kakao einfärben und aufdressieren.

Schokoroulade mit Weichseln

Zutaten

für 1 Roulade

⏲ 45 Minuten

Für das Biskuit

5 Bio-Freilandeier

100 g Kristallzucker

1 Prise Salz

90 g glattes Mehl

10 g Kakaopulver

Für die Creme

250 g Vanillecreme

(siehe Grundrezept S. 194)

1 Schuss Kirschbrand

100 g zerkleinerte Bitterschokolade

350 ml geschlagenes Obers

200 g Weichseln

Schokospäne zum Garnieren

Zubereitung

1. Backrohr auf 210 °C Unterhitze vorheizen. Ein Backblech mit Backpapier auslegen.
2. Für das Biskuit die Eier trennen. Dotter mit einem Drittel des Kristallzuckers schaumig rühren. Eiklar mit dem restlichen Zucker und Salz zu Schnee schlagen. Beide Massen vorsichtig zusammenmischen. Mehl mit Kakao versieben und unterheben.
3. Die Masse rechteckig auf ein Blech streichen und im Rohr ca. 10 bis 15 Minuten backen. Vom Blech nehmen und auf ein Papier stürzen.
4. Vanillecreme mit Kirschbrand glatt rühren. Die Bitterschokolade erwärmen, auflösen und unter die Creme rühren. Eventuell die Masse über Wasserdampf etwas erwärmen, bis sie glänzend-cremig ist, und unter das geschlagene Obers heben.
5. Mitgebackenes Backpapier vom Biskuit lösen. Zwei Drittel der Schokocreme aufstreichen, gleichmäßig mit Weichseln belegen; einige Weichseln zum Garnieren beiseitestellen.
6. Die Roulade so zusammendrehen, dass kein Hohlraum entsteht. Mit der restlichen Creme einstreichen, mit Schokospänen und Weichseln garnieren.

Torten

Cassistorte

Zutaten

für 1 Torte von ca. 28 cm Durchmesser

2½ Stunden

Für den Boden

200 g Mürbteig
(siehe Grundrezept S. 191)

Für die 2 Biskuitmassen

6 Bio-Freilandeier
160 g Kristallzucker
90 g Staubzucker
25 g Weizenstärke
70 g Mehl

Für die 2 Cremen

250 g Vanillecreme
(siehe Grundrezept S. 194)
5 Blatt Gelatine
½ l Schlagobers
¼ kg Johannisbeeren
100 g Kristallzucker
1 EL Zitronensaft

Für die Garnitur

Krokant
Schlagobers
Johannisbeeren

→ Die Torte ist geschmacklich ein Hit! Die Herstellung setzt allerdings ein gewisses Können voraus. Die Tortenblätter kann man am Vortag vorbereiten. Der Vorgang ist wie bei der Kardinalschnitte, nur kreisförmig, also in Tortenform.

Zubereitung

1. Backrohr auf 190 °C Unterhitze vorheizen.
2. 4 Eier trennen und zwei Massen herstellen.
3. Für die 1. Masse Eiklar mit 90 g Kristallzucker zu Schnee schlagen. Staubzucker mit 10 g Weizenstärke vermischen und vorsichtig unter den Schnee heben.
4. Für die 2. Masse 4 Dotter, 2 ganze Eier und 70 g Kristallzucker über Wasserdampf warm und gut aufschlagen. Das Mehl mit der restlichen Weizenstärke vermischen und vorsichtig unterheben.
5. Die beiden Massen jeweils in einen Dressiersack mit Lochtülle (15 mm Durchmesser) füllen. Auf einem Backpapier 3 Kreise mit einem Durchmesser von jeweils 28 cm aufzeichnen. Das Papier wenden, auf ein Backblech legen und die beiden Massen abwechselnd und kreisförmig zu 3 Tortenböden darauf dressieren. Im Rohr 15 bis 20 Minuten backen.
6. Den Mürbteig 4 bis 5 mm dünn ausrollen und mit einem Tortenreifen ausstechen. Auf ein bemehltes Blech legen und im Rohr bei 190 °C Ober-/Unterhitze ca. 10 Minuten goldgelb backen.
7. Für die 1. Creme Vanillecreme glatt rühren. 3 Blätter Gelatine in kaltem Wasser einweichen, ausdrücken und auflösen. Unter die Vanillecreme rühren und ¼ l geschlagenes Obers unterheben.
8. Den ausgekühlten Mürbteigboden in einen Tortenreifen legen und mit etwas Creme bestreichen. Den ersten Biskuitboden daraufsetzen und mit der restlichen Creme bestreichen. Mit ca. 120 g Johannisbeeren bestreuen und den 2. Tortenboden daraufsetzen.
9. Für die 2. Creme die restlichen Johannisbeeren mit Kristallzucker mixen. ¼ l Obers aufschlagen, mit den gemixten Johannisbeeren und Zitronensaft vermischen. 2 Blatt Gelatine in kaltem Wasser einweichen, auflösen und unterheben.
10. Das Johannisbeerobers kuppelförmig auf die Torte streichen. Den 3. Tortenboden aufsetzen und Torte aus dem Reifen schneiden. Den Rand mit der restlichen Creme bestreichen und mit Krokant bestreuen. Mit Rosetten aus Schlagobers und Johannisbeeren garnieren.

Eierlikörtorte

Zutaten

für 1 Torte von 24 cm Durchmesser

⏲ 2 Stunden

plus 2 Stunden zum Absteifen

Für die Böden

200 g Mürbteig

(siehe Grundrezept S. 191)

leichte Biskuitmasse, dunkel

(siehe Grundrezept S. 189)

Für die Creme

300 g Vanillecreme

(siehe Grundrezept S. 194)

4 Blatt Gelatine

250 ml Eierlikör

300 ml geschlagenes Obers

Für die Glasur

1 Blatt Gelatine

100 ml Eierlikör

Für die Garnitur

Schokospäne

Schokodekor

Schlagobers

Zubereitung

1. Backrohr auf 190 °C Ober-/Unterhitze vorheizen.
2. Den Mürbteig 4 bis 5 mm dünn ausrollen und mit dem Tortenring ausstechen. Auf einem mit Backpapier ausgelegten Blech im Rohr ca. 10 Minuten goldgelb backen.
3. Den bereits gebackenen dunklen Biskuitboden quer in 3 ca. 1 cm dünne Böden schneiden.
4. Vanillecreme glatt rühren. Gelatine in Wasser einweichen, ausdrücken und auflösen. 100 ml Eierlikör mit der aufgelösten Gelatine in die Vanillecreme rühren. Zum Schluss das geschlagene Obers unterheben.
5. Den Mürbteig in den Tortenreifen legen und dünn mit Creme bestreichen. Den 1. Biskuitboden daraufsetzen und mit Eierlikör beträufeln. Mit Creme bestreichen und den 2. Biskuitboden daraufsetzen. Mit Eierlikör beträufeln, mit Creme bestreichen, den 3. Biskuitboden daraufsetzen und mit Eierlikör beträufeln. Die Torte rundum mit der restlichen Creme bestreichen und 2 Stunden zum Absteifen in den Kühlschrank stellen.
6. Für die Glasur Gelatine in kaltem Wasser einweichen, ausdrücken und auflösen. Unter den restlichen Eierlikör (ca. 100 ml) rühren und die Torte damit glasieren.
   Den Tortenrand mit Schokospänen bestreuen. Mit Obersrosetten und Schokodekor garnieren.

Erdbeer-Schokoladenbombe

Zutaten

für 2 Torten à 20 cm Durchmesser

1½ Stunden

plus 1½ Stunden im Kühlschrank

Für die Böden

300 g Mürbteig
(siehe Grundrezept S. 191)
160 g Erdbeermarmelade
leichte Biskuitmasse, dunkel
(siehe Grundrezept S. 189),
mit 2 × 20 cm Durchmesser gebacken

400 g Pariser Creme
(siehe Grundrezept S. 194)

Für die Erdbeeroberscreme

6 Blatt Gelatine
200 g Erdbeermus (Erdbeeren und Staubzucker, 1:1 püriert)
600 g geschlagenes Obers

Für den Belag

½ kg Erdbeeren
100 g Tortengelee
ca. 50 Rothschild-Biskotten
(siehe Rezept S. 122)

Zubereitung

1. Backrohr auf 190 °C Ober-/Unterhitze vorheizen.
2. Den Mürbteig 3 mm dünn ausrollen und in 2 Tortenreifen mit je 20 cm Durchmesser legen. Im Backrohr ca. 10 Minuten goldgelb backen. Herausnehmen und abkühlen lassen.
3. Das fertig gebackene und ausgekühlte dunkle Biskuit quer in 2 × 2 Tortenböden mit jeweils ca. 2 cm Höhe halbieren.
4. Die Mürbteigböden mit Erdbeermarmelade bestreichen und jeweils mit einem Biskuitboden belegen. Diesen ca. 3 mm dick mit Pariser Creme bestreichen und den 2. Biskuitboden darauflegen. Oben nochmals mit einer ca. 3 mm dicken Schicht Pariser Creme bestreichen.
5. Für die Erdbeeroberscreme Gelatine in kaltem Wasser einweichen, dann das überschüssige Wasser abgießen und die Gelatine erwärmen und auflösen.
6. Erdbeermus unter das geschlagene Obers heben und Gelatine unterrühren. Kuppelförmig ca. 10 cm hoch auf die Torten streichen und jeweils den Rand damit bedecken. Zum Absteifen mindestens 1½ Stunden in den Kühlschrank stellen.
7. Für die Garnitur Erdbeeren putzen, waschen und blättrig schneiden. Die Kuppeln damit schindelförmig belegen und dünn mit Tortengelee abglänzen. Die Tortenränder mit Rothschild-Biskotten umstellen.

→ Anstatt mit den Biskotten kann man die Tortenränder auch mit Schlagobers und süßen Bröseln verzieren.

Apfeltorte Royal

Zutaten

für 1 Torte von 24 bis 26 cm Durchmesser

3 Stunden

Für die Böden

400 g Mürbteig
(siehe Grundrezept S. 191)
½ Menge der leichten Biskuitmasse, hell (siehe Grundrezept S. 189)

Marillenmarmelade zum Bestreichen

Für die Füllung

55 g geriebene Mandeln
20 g Staubzucker
250 g Vanillecreme
(siehe Grundrezept S. 194)
300 g Äpfel
25 ml Zitronensaft
50 g Rosinen
1 Msp. Zimt

Für die Creme Royal

100 ml Milch
100 ml Obers
80 g Kristallzucker
2 Bio-Freilandeier
12 g Vanillepuddingpulver
1 Prise Salz
1 Pkg. Vanillezucker

Für die Glasur

100 g Fondant
geröstete, gehobelte Mandeln

Zubereitung

1. Backrohr auf 190 °C Ober-/Unterhitze vorheizen. Den Boden der Tortenform mit Backpapier belegen.
2. Den Mürbteig ca. 4 bis 5 mm dick ausrollen und die Tortenform mit einem 2 cm hohen Rand damit auslegen. Den restlichen Mürbteig (ca. 50 g) beiseitestellen. Den Mürbteig in der Form ca. 10 Minuten goldgelb vorbacken und auskühlen lassen. Das Rohr bei 190 °C weiter in Betrieb halten.
3. Den Mürbteig mit Marillenmarmelade bestreichen und den fertig gebackenen Biskuitboden darauflegen.
4. 30 g geriebene Mandeln mit Staubzucker vermischen und gleichmäßig auf dem Biskuit in der Form verteilen.
5. Vanillecreme glatt rühren und aufstreichen.
6. Äpfel schälen, in Spalten schneiden und mit Zitronensaft vermischen. Auf der Vanillecreme verteilen, mit Rosinen und Zimt bestreuen.
7. Milch, Obers, Kristallzucker, Eier, Puddingpulver, Salz und Vanillezucker gut zu einer Creme Royal verrühren.
8. Den restlichen Mürbteig (ca. 50 g) mit den restlichen geriebenen Mandeln zu Streusel abbröseln.
9. Ein Drittel der Creme Royal über die Äpfel gießen und im vorgeheizten Rohr bei 190 °C backen. Wenn die Creme beginnt abzusteifen, ein weiteres Drittel der Creme Royal darübergießen und ins Rohr schieben. Wenn die Creme wieder beginnt abzusteifen, das letzte Drittel darübergießen und mit Mürbteigstreusel bestreuen. Im Rohr ca. 10 Minuten fertig backen.
10. Nach dem Abkühlen die Torte mit heißer Marillenmarmelade bestreichen und dünn mit leicht erwärmtem Fondant glasieren. Den Rand mit gerösteten, gehobelten Mandeln bestreuen.

Maroni-Oberstorte

Zutaten

für 1 Torte von 26 cm Durchmesser

⏲ 3 Stunden

plus mind. 2 Stunden zum Kühlen

Für die Böden

200 g Mürbteig
(siehe Grundrezept S. 191)
½ Menge der leichten Biskuitmasse, dunkel (siehe Grundrezept S. 189)
½ Menge der leichten Biskuitmasse, hell (siehe Grundrezept S. 189)

¼ l Amarenakirschensaft zum Tränken

Für das Schokoobers

¼ l Obers
60 g Bitterschokolade
1 Schuss Rum

Für das Vanilleobers

1 Blatt Gelatine
¼ l Schlagobers
1 TL Staubzucker
Mark von ½ Vanilleschote
1 Schuss Rum

250 g Maronipüree

Für die Dekoration

200 g Bitterschokolade
etwas Schlagobers für Rosetten
Amarenakirschen

Zubereitung

1. Mürbteig und Biskuitmassen am Vortag vorbereiten.
2. Den Mürbteig ca. 3 mm dünn ausrollen und mit dem Tortenreifen ausstechen. Auf ein mit Backpapier ausgelegtes Blech legen und im Rohr bei 190 °C Ober-/Unterhitze ca. 10 Minuten hellbraun backen. Vom Blech nehmen und auskühlen lassen.
3. In der Zwischenzeit von den gebackenen Biskuitböden je eine ca. 1 cm dicke Scheibe im Tortenformat vorbereiten.
4. Für das Schokoobers das Obers nicht zu fest aufschlagen. Bitterschokolade auflösen und mit einem Drittel des Obers und Rum verrühren, den Rest des Obers unterheben.
5. Den ausgekühlten Mürbteigboden in den Tortenreifen legen und mit etwas Schokoobers bestreichen. Den dunklen Biskuitboden daraufsetzen und das restliche Schokoobers darauf glatt streichen. Dann den hellen Biskuitboden darauflegen und mit Amarenakirschensaft tränken.
6. Für das Vanilleobers Gelatine in Wasser einweichen und auflösen. Schlagobers aufschlagen, Staubzucker, Vanillemark und Rum unterrühren. Zum Schluss die aufgelöste Gelatine unterheben.
7. Die Hälfte des Vanilleobers in die Torte streichen. Maronipüree durch eine Kartoffelpresse drücken und einen Teil auf dem Vanilleobers verteilen. Mit dem restlichen Vanilleobers bedecken und glatt streichen. Die Tortenoberfläche gleichmäßig mit dem restlichen Maronipüree bedecken. Die Torte mindestens 2 Stunden im Kühlschrank kalt stellen.
8. Für die Dekoration Bitterschokolade auflösen und auf ca. 30 °C temperieren. Auf ein Backpapier aufstreichen und beim Erstarren sofort in 4 × 6 cm große Rechtecke schneiden.
9. Die Torte aus dem Reifen schneiden und die abgesteiften Schokoblättchen rundherum an den Rand ansetzen. Die Tortenoberfläche mit Obersrosetten und Amarenakirschen garnieren.

→ Die Maroni-Oberstorte ist relativ aufwendig herzustellen. Man kann es sich etwas einfacher machen, indem man anstatt mit zwei Biskuitmassen nur mit dunklem Biskuit arbeitet und den Rand mit süßen Bröseln bestreut (schmeckt ebenfalls hervorragend!). Die Reste der Biskuitmasse eignen sich gut zum Einfrieren.

Waldbeer-Joghurttorte

Zutaten

für 1 Torte von 26 cm Durchmesser
⏲ 2 Stunden
plus 1 Nacht zum Absteifen

Für die Böden

200 g Mürbteig
(siehe Grundrezept S. 191)
½ Menge der leichten Biskuitmasse, dunkel (siehe Grundrezept S. 189)
Preiselbeermarmelade

Für die Creme

50 g Erdbeeren
50 g Zucker
400 g Naturjoghurt
100 ml Schlagobers
4 Blatt Gelatine

Für den Belag und die Dekoration

gemischte Beeren, z. B. Himbeeren, Erdbeeren, Heidelbeeren, Walderdbeeren
1 Pkg. Tortengelee
¼ l Schlagobers

Zubereitung

1. Backrohr auf 190 °C Ober-/Unterhitze vorheizen.
2. Den Mürbteig 4 mm dünn ausrollen und mit dem Tortenring ausstechen. Auf einem mit Backpapier ausgelegten Blech im Rohr ca. 10 Minuten goldgelb backen.
3. Das fertig gebackene dunkle Biskuit in einen ca. 2 cm und einen ca. 1 cm dicken Boden schneiden.
4. Den Mürbteigboden mit Preiselbeermarmelade bestreichen und den dickeren Biskuitboden darauflegen. Den Tortenreifen wieder aufsetzen und den Rand mit Preiselbeermarmelade abdichten.
5. Für die Creme die geputzten und gewaschenen Erdbeeren mit Zucker mixen. Joghurt mit Erdbeermus und geschlagenem Obers verrühren. Gelatine in kaltem Wasser einweichen, auflösen und unterrühren.
6. Die Creme bis auf einen kleinen Rest in die Tortenform gießen und mit dem 1 cm dünnen Biskuitboden abdecken.
7. Oben mit etwas Joghurtcreme bestreichen und über Nacht im Kühlschrank absteifen lassen.
8. Die Torte mit frischen Beeren belegen und mit Tortengelee abglänzen. Im Kühlschrank absteifen lassen und aus dem Tortenring schneiden.
9. Das Obers aufschlagen und mit einem Dressiersack mit glatter Tülle (10 mm Durchmesser) auf den Tortenrand spritzen.

Erdbeer-Baisertorte

Zutaten

für 1 Torte von 26 cm Durchmesser

⏲ 2 Stunden

plus 2 Stunden zum Absteifen

Für die Böden

200 g Mürbteig
(siehe Grundrezept S. 191)

½ Menge der leichten Biskuitmasse, hell (siehe Grundrezept S. 189)

200 g Erdbeermarmelade

Für die Creme

200 g Vanillecreme
(siehe Grundrezept S. 194)

1 Schuss Cointreau

3 Blatt Gelatine

200 ml Schlagobers

350 g Erdbeeren

Für das Baiser

8 Eiklar

375 g Kristallzucker

Erdbeeren für die Garnitur

Zubereitung

1. Backrohr auf 190 °C Ober-/Unterhitze vorheizen.
2. Den Mürbteig dünn ausrollen und mit dem Tortenreifen ausstechen. Auf einem mit Backpapier ausgelegten Blech im Backrohr ca. 10 Minuten goldgelb backen.
3. Nach dem Auskühlen dünn mit Erdbeermarmelade bestreichen.
4. Das fertig gebackene und ausgekühlte Biskuit quer durchschneiden, sodass man 2 Biskuitböden erhält. Einer davon sollte ca. 2 cm hoch sein. Diesen Biskuitboden auf die Marmelade legen und den Tortenreifen aufsetzen.
5. Die Vanillecreme mit Cointreau glatt rühren. Gelatine in kaltem Wasser einweichen, ausdrücken und auflösen. Schlagobers aufschlagen und mit der Gelatine unter die Vanillecreme rühren.
6. Die Creme auf dem Tortenboden gleichmäßig verteilen.
7. Erdbeeren putzen, waschen und trocken tupfen. Die Erdbeeren im Ganzen in regelmäßigen Abständen in die Creme setzen. Zum Absteifen der Creme die Torte 2 Stunden in den Kühlschrank stellen.
8. Das Backrohr auf 220 °C Oberhitze vorheizen.
9. Das Eiklar mit Kristallzucker über Wasserdampf heiß schlagen, dann kalt ausschlagen. Ein Drittel der Baisermasse auf die Torte streichen, den 2. Biskuitboden aufsetzen.
10. Die Torte mit Baisermasse einstreichen. Den Rest der Baisermasse in einen Dressiersack mit Sterntülle füllen und aufspritzen.
11. Die Torte kurz ins vorgeheizte Backrohr schieben, bis die Baisermasse eine leichte Farbe hat. Herausnehmen und mit frischen Erdbeeren garnieren.

Mohntorte mit Topfencreme

Zutaten

für 1 Torte von 26 cm Durchmesser
⏲ 2 Stunden
plus 1½ Stunden
zum Absteifen im Kühlschrank

Für das Mohn-Biskuit

4 Bio-Freilandeier
90 g Kristallzucker
1 Prise Salz
100 g weiche Butter
30 g Staubzucker
150 g gemahlener Mohn
70 g geriebene Haselnüsse
20 g Weizenstärke
Butter und Mehl für die Form
10 Dosenpfirsiche

Für die Creme

180 g Topfen
50 ml Joghurt
75 g Staubzucker
1 Pkg. Vanillezucker
1 Msp. Zimt
⅜ l geschlagenes Obers
3 Blatt Gelatine

Für das Himbeergelee

100 g Himbeeren
100 g Zucker
2 Blatt Gelatine

Für die Garnitur

geschlagenes Obers
Pfirsiche

Zubereitung

1. Backrohr auf 185 °C Ober-/Unterhitze vorheizen.
2. Eier trennen. Eiklar mit Kristallzucker und Salz zu Schnee schlagen. Butter mit Dotter und Staubzucker schaumig rühren und die beiden Massen vorsichtig vermischen.
3. Mohn, Haselnüsse und Weizenstärke mischen und vorsichtig unter die Eiermasse heben.
4. Eine Tortenform mit 26 cm Durchmesser mit Butter ausstreichen und mit Mehl bestauben. Die Masse einfüllen und im Rohr 50 bis 55 Minuten backen. Herausnehmen und im Tortenreifen auskühlen lassen.
5. Die Pfirsiche in Spalten schneiden und auf der Torte verteilen.
6. Topfen, Joghurt, Staubzucker mit Vanillezucker und Zimt verrühren. Dann das Schlagobers unterheben. Gelatine in kaltem Wasser einweichen. Das Wasser abgießen und die aufgequollene Gelatine am Herd erwärmen und auflösen. Vorsichtig unter die Creme rühren. Auf die Mohntorte streichen und zum Absteifen mindestens 1½ Stunden in den Kühlschrank stellen.
7. Für das Gelee die Himbeeren mit Zucker mixen. Gelatine einweichen, auflösen und unter das Fruchtmark rühren. Gleichmäßig auf die Torte gießen und nochmals zum Absteifen in den Kühlschrank stellen.
8. Die Torte aus dem Reifen schneiden, mit Schlagobersrosetten und Pfirsichen garnieren.

Weincremetorte mit Himbeeren

Zutaten

für 1 Torte von 25 cm Durchmesser

⏲ 2 Stunden

plus 1 Nacht zum Absteifen im Kühlschrank

Für die Dobos-Biskuitböden

4 Bio-Freilandeier
100 g Zucker
100 g Mehl
1 Prise Salz
1 Pkg. Vanillezucker
30 g flüssige Butter

Butter und Mehl für die Bleche

Für die Weincreme

2 Eidotter
60 g Kristallzucker
Mark von ½ Vanilleschote
etwas abgeriebene Schale einer unbehandelten Bio-Zitrone
150 ml Weißwein
3 Blatt Gelatine
300 g geschlagenes Obers

ca. 400 g Himbeeren
Staubzucker

Zubereitung

1. Backrohr auf 200 °C Unterhitze vorheizen.
2. Eier trennen, Dotter mit einem Drittel des Zuckers, Vanillezucker und Salz schaumig rühren. Eiklar mit dem restlichen Zucker aufschlagen. Den Eischnee unter die aufgeschlagene Dottermasse heben, dann Mehl und zum Schluss die flüssige Butter einrühren.
3. Backbleche mit Butter bestreichen und mit Mehl bestauben. Mit einem Tortenreifen von 25 cm Durchmesser 3 Tortenblätter auf dem bestaubten Blech vorzeichnen. Mithilfe einer Palette 3 gleichmäßig dünne Biskuitböden aufstreichen. Im Rohr 8 bis 10 Minuten goldgelb backen. Noch heiß mit der Palette vom Blech lösen und mit dem Tortenreifen ausstechen, damit sie einen exakt geschnittenen Rand haben.
4. Für die Weincreme Dotter mit Zucker, Vanillemark und Zitronenschale im Wasserbad auf ca. 60 °C warm schlagen. Weißwein zugeben und weiterschlagen. Auf ca. 30 °C abkühlen lassen. Gelatine in Wasser einweichen und auflösen. Das geschlagene Obers unter die Weincreme heben und mit Gelatine binden.
5. Abwechselnd Biskuitböden und Weincreme in den Tortenreifen schichten und oben mit Weincreme abschließen. Über Nacht zum Absteifen in den Kühlschrank stellen.
6. Die Torte mit frischen Himbeeren belegen und leicht anzuckern. Aus dem Reifen schneiden und portionieren.

Zauner-Trüffeltorte

Zutaten

für 1 Torte von 24 cm Durchmesser

⏲ 3 Stunden

plus 1 Nacht zum Absteifen im Kühlschrank

Für die Creme

300 ml Schlagobers
150 g Kristallzucker
90 g Butter
270 g Bitterkuvertüre

Für den Tortenboden

8 Bio-Freilandeier
190 g weiche Butter
140 g Staubzucker
100 g Bitterschokolade
160 g Kristallzucker
1 Prise Salz
180 g Mehl
Butter und Mehl für die Form

Für die Tränke

1/16 l Wasser
1/16 l Rum
50 g Staubzucker

Für die Glasurcanache

50 ml Wasser
100 ml Milch
60 ml Obers
20 g Kristallzucker
50 ml Sirup
300 g Bitterschokolade

Zubereitung

1. Für die Creme Schlagobers mit Kristallzucker und Butter aufkochen. Dann die Bitterkuvertüre darin auflösen. Öfters umrühren und über Nacht im Kühlschrank fest werden lassen.
2. Backrohr auf 185 °C Ober-/Unterhitze vorheizen.
3. Eier trennen. Butter mit Staubzucker schaumig rühren, nach und nach Dotter zugeben.
4. Bitterschokolade im Wasserbad auflösen und auf Körpertemperatur abkühlen lassen. Zur Dottermasse geben und fertig aufschlagen.
5. Eiklar mit Kristallzucker und Salz zu Schnee schlagen.
6. Beide Massen vorsichtig vermischen und zum Schluss das Mehl vorsichtig unterheben.
7. Eine Tortenform mit 24 cm Durchmesser mit Butter ausstreichen und mit Mehl bestauben. Die Masse einfüllen und im Rohr ca. 50 Minuten backen. Herausnehmen und abkühlen lassen.
8. Den Tortenboden 2 bis 3 Mal quer auseinanderschneiden. Die Schokoladecreme vorsichtig im Wasserbad anwärmen und mit dem Schneebesen leicht schaumig schlagen. Eventuell etwas Schokocreme für die Garnitur beiseitestellen.
9. Für die Tränke alle Zutaten verrühren und die Tortenböden damit beträufeln. Die getränkten Tortenböden abwechselnd mit der Schokocreme in den Tortenreifen schichten und oben mit Creme abschließen. Zum Absteifen für ½ Stunde in den Kühlschrank stellen.
10. Für die Glasurcanache Wasser, Milch, Obers, Kristallzucker, Sirup aufkochen und die Bitterschokolade darin auflösen. Im Kühlschrank fest werden lassen. Dann nochmals leicht erwärmen und die Torte damit glasieren.
11. Für die Garnitur nach Belieben die restliche Schokocreme in einen Dressiersack mit Sterntülle füllen und die Torte mit Rosetten verzieren.

Glasierte Festtagstorte

Zutaten

für 1 Torte von 24 cm Durchmesser

2 Stunden

plus 1 Stunde zum Absteifen im Kühlschrank

Für die Böden

7 Bio-Freilandeier
120 g Kristallzucker
1 Pkg. Vanillezucker
etwas abgeriebene Schale einer unbehandelten Bio-Zitrone
1 Prise Salz
140 g glattes Mehl
140 g geriebene Walnüsse
50 g Butter

Butter und Mehl für die Form

Für die Creme

170 ml Milch
65 g Kristallzucker
1 Dotter
20 g Vanillepuddingpulver
65 g geriebene Walnüsse
130 g Butter

Für die Tränke

1/16 l Läuterzucker (Wasser und Zucker 1:1)
1/16 l Rum

Für Glasur und Garnitur

250 g Marzipan zum Eindecken
250 g weiße Schokolade
100 g fein gesiebter Staubzucker
1 Eiklar
Marzipanblätter und -rosen

Zubereitung

1. Backrohr auf 185 °C Ober-/Unterhitze vorheizen.
2. Eier trennen. Dotter mit einem Drittel des Kristallzuckers, Vanillezucker und Zitronenschale schaumig rühren.
3. Eiklar mit dem restlichen Kristallzucker und Salz zu Schnee schlagen. Die beiden Massen vorsichtig mischen. Mehl mit den geriebenen Walnüssen versieben und unter die Masse heben. Butter zerlassen und zum Schluss einrühren.
4. Eine Tortenform mit 24 cm Durchmesser mit Butter ausstreichen und mit Mehl bestauben. Die Masse einfüllen und im Rohr 40 bis 45 Minuten backen. Herausnehmen und auskühlen lassen.
5. Für die Creme zwei Drittel der Milch mit Kristallzucker aufkochen. Die restliche Milch mit Dotter und Puddingpulver verrühren, unter die kochende Milch rühren und zur Creme abziehen. Die geriebenen Walnüsse untermischen und auskühlen lassen.
6. Die weiche Butter schaumig rühren und mit der glatt gerührten Creme verrühren.
7. Den ausgekühlten Tortenboden 3 Mal quer durchschneiden.
8. Läuterzucker mit Rum vermischen und die 4 Tortenböden damit beträufeln. Die Tortenböden mit Creme bestreichen und aufeinanderschichten. Dann rundherum mit Creme glatt einstreichen. Die Torte zum Absteifen mindestens 1 Stunde in den Kühlschrank stellen.
9. Für die Glasur das Marzipan dünn ausrollen und die Torte damit eindecken.
10. Die weiße Schokolade auflösen und im Wasserbad auf ca. 30 °C temperieren. Die Torte dünn damit glasieren und zum Absteifen in den Kühlschrank stellen. Davor mit einem heißen Messer die Tortenstücke in der Glasur markieren, damit die Glasur später beim Schneiden nicht zersplittert.
11. Für das Dekor Staubzucker mit Eiklar zu einer leicht schaumigen Glasur verrühren. In einen Dressiersack füllen und die Torte damit fein verzieren. Mit Marzipanblüten und -rosen garnieren.

Parfaits & Gekühltes

Cappuccino-Parfait

Zutaten

für 4 große oder 8 Espresso-Tassen

⏲ ca. 1 Stunde plus
mind. 2 Stunden zum Frieren

Für das Parfait

2 Bio-Freilandeier
1 Dotter
75 g Kristallzucker
10 g löslicher Kaffee
1 Tasse doppelter Espresso
¼ l Schlagobers

Für die Garnitur

Kaffeelikör
geschlagenes Obers
Schokolade-Mokkabohnen

Zubereitung

1. Eier, Dotter und Kristallzucker im warmen Wasserbad aufschlagen. Aus dem Wasserbad nehmen und kalt schlagen.
2. Löskaffee im Espresso auflösen und überkühlen lassen. Dann in die Dottermasse einrühren und zum Schluss das geschlagene Obers unterziehen.
3. Die Parfaitmasse mit dem Spritzbeutel mit Lochtülle (10 mm Durchmesser) dreiviertelhoch in die Tasse dressieren und 2 bis 3 Stunden lang im Tiefkühler durchfrieren.
4. Vor dem Servieren herausnehmen und etwas antauen lassen.
5. Mit Kaffeelikör, geschlagenem Obers und jeweils einer Schokolade-Mokkabohne garnieren.

Geeister Kaiserschmarren mit Rhabarber-Himbeer-Ragout

Zutaten

für 4 bis 6 Portionen

⏲ 1½ Stunden plus mind. 3 Stunden zum Frieren

Für den Kaiserschmarren

4 Dotter
130 g Kristallzucker
1 g Salz
3 g Vanillezucker
3 Eiklar
40 ml Wasser
320 ml geschlagenes Obers
Rosinen nach Belieben (in Rum eingeweicht)
50 g Milchkuvertüre

Für das Ragout

300 g Himbeeren
250 g Rhabarber
100 ml Weißwein
80 g Kristallzucker
Saft von 1 Zitrone
½ EL Stärkemehl
2 EL Wasser

Zubereitung

1. Für den Kaiserschmarren Dotter mit 50 g Zucker, Salz, Vanillezucker warm (mindestens 1 Minute auf 65 °C) und dann kalt schlagen. Eiklar mit 30 g Kristallzucker aufschlagen. Den restlichen Zucker mit Wasser auf 118 °C kochen, dann langsam in das geschlagene Eiklar einlaufen lassen. Diesen Eiklarschaum kalt schlagen und unter die Dottermasse heben. Zum Schluss das geschlagene Obers und die Rumrosinen vorsichtig unterziehen.
2. Die Masse ca. 1½ cm dick auf ein mit Backpapier ausgelegtes Blech streichen und im Tiefkühler mindestens 3 Stunden lang durchfrieren.
3. Milchkuvertüre grob hacken und im Wasserbad bei max. 45 °C schmelzen. Den geeisten Kaiserschmarren dünn mit einem Pinsel damit bestreichen und sofort wieder in den Tiefkühler stellen.
4. Für das Ragout Himbeeren mit einem Stabmixer pürieren, dann durch ein feines Sieb passieren. Rhabarber schälen und in ca. 2 cm große Stücke schneiden. Weißwein, Zucker, Zitronensaft und Himbeerpüree aufkochen. Rhabarber zugeben und bissfest garen.
5. Rhabarber aus dem Sud nehmen und beiseitestellen. Stärkemehl in Wasser auflösen und den Sud unter ständigem Rühren damit binden. Nochmals kurz aufkochen, den Rhabarber vorsichtig einrühren und kühl stellen.
6. Vor dem Servieren den geeisten Kaiserschmarren in kleine Stücke brechen und auf gekühlten Tellern anrichten. Das Rhabarber-Himbeer-Ragout extra dazu servieren.

→ Noch schöner wird der Schokoanstrich, wenn man die Milchkuvertüre verdünnt. Der Konditor rührt Kakaobutter beim Schmelzen ein, man kann aber auch Kokosfett dafür nehmen.
Ich bin zwar ein großer Anhänger von Bio-Freilandeiern. Aber bei Parfaits sollte man, da die Eier roh verarbeitet werden, die Gefahr von Salmonellen bzw. diverser Keime nicht außer Acht lassen. Wir schlagen die Dotter deshalb auf 65 °C warm. Für Parfaitmassen kann ich auch pasteurisierte Dotter (erhältlich im Handel) empfehlen. 1 Eidotter wird mit 15 g berechnet.

Kauner

Glasierte Schokokuppeln mit Chili und Beereneinlage

Zutaten

für 6 Kuppelförmchen

⏲ 2 Stunden

plus 1 Nacht zum Frieren

Für die Kuppeln

¼ l Milch

50 g Zucker

½ Vanilleschote

3 Eidotter

70 g gehackte Bitterschokolade

1 kleine, fein gehackte Chilischote

100 ml Cointreau

3 Blatt Gelatine

2 Eiklar

¼ l geschlagenes Obers

12–18 Brombeeren

Für die Garnitur

Schokoladesauce

(siehe Grundrezept S. 193)

geschlagenes Obers

Brombeeren

Zubereitung

1. Milch mit der Hälfte des Zuckers und der aufgeschnittenen Vanilleschote aufkochen. Die Schote herausnehmen, Dotter und gehackte Schokolade einrühren und zur Creme abziehen. Vom Herd nehmen, Chilischote und Cointreau einrühren und auskühlen lassen.
2. Gelatine in kaltem Wasser quellen lassen. Dann ausdrücken, in etwas warmem Wasser auflösen und unter die Schokomasse rühren.
3. Eiklar mit dem restlichen Zucker aufschlagen. Unter die Masse rühren und zum Schluss das geschlagene Obers unterheben.
4. Kuppelförmchen zur Hälfte mit der Masse befüllen, 2 bis 3 Brombeeren einlegen und dann bis zum Rand auffüllen. In den Kühlschrank stellen und über Nacht durchkühlen lassen.
5. Die gekühlte Schokocreme aus den Förmchen stürzen, einzeln auf Dessertteller setzen. Mit Schokoladesauce übergießen, mit Schlagobers und Brombeeren garnieren.

→ Zu den Schokokuppeln passen auch Biskotten (siehe Rezept S. 122) ausgezeichnet.
Die gefüllten Schokoförmchen lassen sich gut auf Vorrat einfrieren. Die Förmchen vor dem Anrichten kurz ins Wasserbad stellen, dann lassen sich die Schokokuppeln leichter aus der Form lösen. Vor dem Servieren etwas antauen lassen.

Zauner

Parfaitknödel mit frischen Datteln

Zutaten

für 6 bis 8 Portionen
⏲ 1½ Stunden
plus 1 Nacht zum Frieren

Für das Parfait
14 Dotter
230 g Zucker
60 ml Wasser
6 Eiklar
½ l geschlagenes Obers
100 ml Cointreau
100 g fein gehacktes Orangeat
60 g fein gehackte Bitterschokolade

Für die Knödelfülle
8 frische Datteln
Cherry Brandy

Für den Spiegel
150 g Erdbeeren
150 g Staubzucker

Für die Butterbrösel
250 g geröstete Brösel
50 g Staubzucker
3 g flüssige Butter
½ Pkg. Vanillezucker

Staubzucker zum Bestreuen
Schlagobers, Pistazien und Datteln zum Garnieren

Zubereitung

1. Eidotter mit 100 g Zucker im Wasserbad warm (mindestens 1 Minute auf 65 °C) und dann kalt schlagen. 100 g Zucker und das Wasser auf 117 °C kochen. Eiklar mit dem restlichen Zucker ebenfalls aufschlagen.
2. Den gekochten Zucker unter ständigem Rühren fadendünn in das aufgeschlagene Eiklar einlaufen lassen. Dann die aufgeschlagenen Eidotter, das geschlagene Obers, Cointreau, Orangeat und Bitterschokolade mit dem Schneebesen unterziehen. Die Parfaitmasse über Nacht im Tiefkühler durchfrieren.
3. Die Datteln in Cherry Brandy einlegen und mindestens 4 Stunden marinieren lassen.
4. Mit einem Eisportionierer oder großen Löffel aus dem Parfait Knödel ausstechen. Die eingelegten Datteln damit umhüllen, zu glatten Knödeln formen und wieder in den Tiefkühler stellen.
5. Vor dem Servieren Erdbeeren mit Zucker mixen, passieren und auf Tellern verteilen. Die gerösteten Brösel mit Staubzucker, Butter und Vanillezucker vermischen. Die Parfaitknödel darin wälzen, auf das Erdbeermus setzen und anzuckern. Mit Schlagobers, Pistazien und Datteln garnieren.

Sisi-Parfait (Vanilleparfait mit Himbeeren)

Zutaten
für 4 bis 6 Portionen
⏲ 1½ Stunden
plus mind. 3 Stunden zum Frieren

Für das Parfait
1 Bio-Freilandei
5 Dotter
85 g Kristallzucker
Mark von einer Vanilleschote
1 Schuss Rum
350 ml geschlagenes Obers

Für den Schokoladestreusel
100 g Zucker
50 ml Wasser
100 g flüssige dunkle Kuvertüre

Für die glasierten Himbeeren
50 g Zucker
100 ml Rotwein
Saft einer ½ Orange
½ Zimtstange
½ EL Stärkemehl
2 EL Wasser
150 g Himbeeren

Zubereitung

1. Für das Parfait Ei, Dotter, Zucker, Vanillemark und Rum in einer Metallschüssel über einem heißen Wasserbad unter ständigem Rühren auf ca. 60 °C warm schlagen. Dann in der Küchenmaschine kalt schlagen und das geschlagene Obers vorsichtig unterheben.
2. Die Masse mit einem Dressiersack in Kuppelformen füllen. In den Tiefkühler stellen und mindestens 3 Stunden, am besten über Nacht, durchfrieren.
3. Für den Streusel in einem Topf Zucker mit Wasser aufkochen. So lange kochen, bis sich helles Karamell bildet. Das Karamell langsam in die flüssige Kuvertüre laufen lassen und kräftig umrühren. Durch das ständige Rühren bilden sich die Schokobrösel. Auf ein Backpapier stürzen und auskühlen lassen.
4. Für die Himbeeren Zucker in einem Topf schmelzen lassen, mit Rotwein und Orangensaft ablöschen. Die Zimtstange zugeben und köcheln lassen, bis sich der Zucker gelöst hat.
5. Das Stärkemehl mit Wasser verrühren und mit dem Sud vermischen. Unter ständigem Rühren kurz aufkochen und vom Herd nehmen. Die Zimtstange entfernen und Saft kühl stellen.
6. Das Parfait in die Mitte des Tellers stürzen und mit Schokostreusel bestreuen. Mit dem Rotwein-Orangensaft umgießen und mit Himbeeren garnieren. Die Himbeeren mit Rotwein-Orangensaft beträufeln.

→ Das Parfait auf gekühlten Tellern anrichten, damit es nicht zu schnell schmilzt!

Geeiste Parfait-Kuppeltorte

Zutaten

für 1 kuppelförmige Schüssel mit 22 cm Durchmesser und ca. 13 cm Höhe

⏲ 2½ Stunden plus 1 Nacht zum Frieren

Für die Decke

2 Biskuitrouladen (siehe Rezept S. 64)

Für die Parfaits

4 Bio-Freilandeier
4 Dotter
270 g Zucker
⅝ l Obers
½ Pkg. Vanillezucker oder Mark von ½ Vanilleschote
100 g Erdbeeren
30 g Staubzucker
1 Schuss Grand Marnier
75 g Bitterschokolade
1 Schuss Bacardi

Staubzucker zum Bestreuen
frische Früchte für die Garnitur

Zubereitung

1. Die fertig gefüllten Biskuitrouladen in möglichst dünne Scheiben schneiden. Eine kuppelförmige Schüssel mit Frischhaltefolie auskleiden und mit den Scheiben auslegen.
2. Für die Parfaitmasse Eier, Dotter und Zucker über Wasserdampf heiß schlagen, danach kalt schlagen. Obers nicht zu fest schlagen und unterheben.
3. Das 1. Drittel der Masse mit Vanille abschmecken und in die ausgelegte Form füllen.
4. Erdbeeren mit Staubzucker zu einem Mus mixen. Das 2. Drittel der Masse mit Erdbeermus und Grand Marnier verrühren. Die Masse als zweite Schicht in die Form streichen.
5. Bitterschokolade in einem Wasserbad bei max. 45 °C erwärmen und glatt rühren. Mit Bacardi unter das letzte Drittel der Masse mischen und in die Kuppel streichen. Mit dünnen Biskuitrouladenscheiben bedecken und über Nacht in den Tiefkühler stellen.
6. Die Kuppeltorte vor dem Servieren aus der Form stürzen. Die Folie abziehen und mit frischen Früchten garnieren.

Kleine Desserts

Schokokrapferl mit Schlag

Zutaten

für 16 Krapferl

⏲ 1½ Stunden

Für die Krapferl

3 Eiklar

60 g Kristallzucker

65 g Weizenpuder (Weizenstärke)

1 Prise Salz

2 Dotter

25 g Mehl

Für die Füllung

1 Blatt Gelatine

etwas Staubzucker

Mark von ¼ Vanilleschote

¼ l geschlagenes Obers

Für die Glasur

Marillenmarmelade zum Bestreichen

Schokoladeglasur

(siehe Canache-Glasur bei Mini-Gugelhupfe S. 114)

Zubereitung

1. Das Eiklar mit Kristallzucker, einem Drittel des Weizenpuders und Salz zu Schnee schlagen. Den restlichen Weizenpuder mit Mehl versieben. Die schaumig gerührten Eidotter vorsichtig unter den Schnee heben und das Mehl-Weizenpuder-Gemisch einmehlieren.
2. Das Backrohr auf 190 °C Ober-/Unterhitze vorheizen und ein Backblech mit Backpapier auslegen.
3. Die Masse in einen Dressiersack mit Lochtülle (Durchmesser 11 mm) füllen und 16 Krapferl auf das Blech dressieren. Leicht mit Weizenpuder bestauben und im Rohr ca. 15 Minuten backen. Herausnehmen, auskühlen lassen und auf ein Glasiergitter stellen.
4. Marillenmarmelade erhitzen und die Krapferl dünn damit bestreichen. Die Schokoladeglasur flüssig erwärmen, die Krapferl damit überziehen und trocknen lassen.
5. Für die Füllung Gelatine 5 bis 10 Minuten in kaltem Wasser einweichen, ausdrücken und bei leichter Wärmezufuhr in wenig Wasser auflösen. Staubzucker mit Vanillemark vermischen, unter das geschlagene Obers heben und alles mit der Gelatine binden.
6. Die Hälfte der Krapferl mit der glasierten Wölbung nach unten in Papierkapseln setzen. Die Obersfüllung mit einem Dressiersack mit Sterntülle aufdressieren und jeweils ein Krapferl daraufsetzen.

→ Bevor man die Obersfüllung aufdressiert, kann man noch einen Tupfen Vanillecreme in die Krapferl setzen. Konditoren stellen die frisch glasierten Krapferl kurz in den Wärmeschrank. So trocknen sie nicht nur schneller, sie bekommen auch einen wunderschönen Glanz. Daheim kann man sie bei 35 bis 40 °C ins Backrohr stellen. Auch glasierte Kuchen und Torten kommen so zum Glänzen. Sie dürfen aber nur maximal 10 Minuten ins Rohr, da sonst die Cremen und Füllungen zerrinnen.

Mini-Gugelhupfe mit Faschingsköpfen

Zutaten

für 10 kleine oder 1 großen Gugelhupf mit 14 cm Durchmesser
⏲ 2 Stunden

Für die Gugelhupfe
4 Bio-Freilandeier
60 g Kristallzucker
1 Prise Salz
120 g Butter
60 g Staubzucker
1 Pkg. Vanillezucker oder Mark von ½ Vanilleschote
etwas abgeriebene Schale einer unbehandelten Bio-Zitrone
100 g glattes Mehl
10 g Kakaopulver
20 g geriebene Mandeln
Butter und Mehl für die Förmchen

Für die Canache-Glasur
50 ml Wasser
100 ml Milch
60 ml Obers
20 g Kristallzucker
50 ml Sirup
300 g Bitterschokolade

1 Glas Marillenmarmelade
Marzipan und Lebensmittelfarbe zum Modellieren

Zubereitung

1. Backrohr auf 185 °C Ober-/Unterhitze vorheizen.
2. Eier trennen. Das Eiklar mit Kristallzucker und Salz zu Schnee schlagen.
3. Die weiche Butter mit Staubzucker, Vanille und etwas Zitronenschale schaumig rühren. Eidotter nach und nach zugeben und gut aufschlagen.
4. Beide Massen vorsichtig vermischen. Mehl mit Kakaopulver versieben und zusammen mit den Mandeln unterheben.
5. Förmchen mit Butter ausstreichen und mit Mehl bestauben. Die Masse in einen Dressiersack mit Lochtülle füllen und in den Förmchen verteilen.
6. Im vorgeheizten Backrohr ca. 35 Minuten backen. (Bei einem großen Gugelhupf dauert die Backzeit ca. 50 bis 55 Minuten.) Die Gugelhupfe aus der Form stürzen und abkühlen lassen.
7. In der Zwischenzeit für die Canache Wasser, Milch, Obers, Kristallzucker und Sirup aufkochen und etwas abkühlen lassen. Die Schokolade in Stücke brechen und darin auflösen. Abkühlen und im Kühlschrank fest werden lassen.
8. Die Marmelade erhitzen und die Gugelhupfe dünn damit bestreichen. Die Canache lauwarm temperieren und die Gugelhupfe damit glasieren.
9. Marzipan nach Belieben einfärben, verschiedene Figuren daraus formen und die Gugelhupfe damit verzieren.

→ Die Canache-Glasur ist vielseitig verwendbar. Man kann damit Torten, Rehrücken, Gugelhupfe, Eclairs u. v. m. glasieren. Vorgekocht und in einem gut verschlossenen Behälter ist sie ca. 2 Wochen im Kühlschrank haltbar. Bei Bedarf wird die benötigte Menge zum Glasieren aufgewärmt.

Eclairs mit verschiedenen Cremefüllungen

Zutaten

für 18 Eclairs, ca. 10 cm lang

⏲ 2 Stunden inkl. Backzeit

Für die Eclairs

1½-fache Menge Brandteig
(siehe Grundrezept S. 188)

Für die Vanillecreme

200 g Vanillecreme
(siehe Grundrezept S. 194)
50 ml geschlagenes Obers
1 Schuss Maraschino oder Kirschlikör

Für die Erdbeercreme

200 g Vanillecreme
(siehe Grundrezept S. 194)
40 g gesüßtes Erdbeermus
(Erdbeeren und Staubzucker, 1:1 püriert)
1 KL Zitronensaft
40 ml geschlagenes Obers

Für die Schokoladecreme

150 g Pariser Creme
(siehe Grundrezept S. 194)
30 g Vanillecreme
(siehe Grundrezept S. 194)
1 Schuss Cointreau

Für die Glasuren

Fondant
rote Lebensmittelfarbe
Schokoladeglasur
(siehe Canache-Glasur bei
Mini-Gugelhupfe S. 114)

Zubereitung

1. Eclairs laut Grundrezept backen und auskühlen lassen.
2. Für die Vanillefüllung Vanillecreme auskühlen lassen, anschließend mit einem Schneebesen glatt rühren. Das geschlagene Obers unterziehen und mit Maraschino abschmecken.
3. Für die Erdbeerfüllung Vanillecreme auskühlen lassen, dann mit einem Schneebesen glatt rühren. Gesüßtes Erdbeermus und Zitronensaft einrühren, das geschlagene Obers unterziehen.
4. Für die Schokoladefüllung die abgesteifte Pariser Creme etwas anwärmen. Dann glatt gerührte Vanillecreme und Cointreau unterziehen.
5. Ein Drittel der ausgekühlten Eclairs mit leicht erwärmtem Fondant glasieren. Trocknen lassen, dann seitlich mit scharfem Sägemesser einschneiden. Mit einem Dressiersack mit spitzer Lochtülle die Vanillefüllung einspritzen.
6. Fondant leicht erwärmen und mit Lebensmittelfarbe rosa färben. Das zweite Drittel der Eclairs damit glasieren und die Erdbeercreme einspritzen.
7. Das letzte Drittel mit Schokoladeglasur überziehen und mit Schokoladecreme füllen.

→ Am besten schmeckt die Vanillefüllung mit Maraschino. Der klare Fruchtlikör aus der Maraska-Kirsche wird mitsamt den zerkleinerten Kernen gebrannt, die ihm ein feines Bittermandelaroma geben.

Eclairs mit Kaffeeoberscreme

Zutaten

für 10 Eclairs

1 Stunde 40 Minuten inkl. Backzeit

Für die Eclairs

Brandteig
(siehe Grundrezept S. 188)
Marillenmarmelade zum Bestreichen

Für die Glasur

Zuckerglasur zum Bestreichen
etwas Rum
löslicher Kaffee zum Einfärben

Für die Creme

16 g löslicher Kaffee
1 Schuss Rum
80 g Staubzucker
½ Pkg. Vanillezucker oder
Mark von ½ Vanilleschote
½ l Obers
2 Blatt Gelatine

Zubereitung

1. Die ausgekühlten Eclairs dünn mit heißer Marillenmarmelade bestreichen.
2. Etwas löslichen Kaffee in Rum auflösen und mit der Zuckerglasur verrühren, sodass sie leicht eingefärbt ist. Die Eclairs damit dünn bestreichen und trocknen lassen. Dann mit dem Brotmesser längs halbieren.
3. Für die Creme löslichen Kaffee in Rum auflösen, mit Staubzucker und Vanillezucker vermischen. Das Obers nicht zu fest schlagen und vorsichtig unterziehen. Die Gelatine 5 bis 10 Minuten in kaltem Wasser einweichen, dann in wenig warmem Wasser auflösen und einrühren.
4. Die Creme in einen Dressiersack mit Sterntülle füllen und jeweils auf die untere Hälfte der Eclairs dressieren. Die obere Hälfte locker darauflegen.

Brandteigkrapfen mit Erdbeeroberscreme

Zutaten
für 8 Windbeutel
⏲ 1½ Stunden

Für die Windbeutel
½ Menge Brandteig
(siehe Grundrezept S. 188)

Für die Creme
50 g Erdbeeren
50 g Kristallzucker
¼ l leicht geschlagenes Obers
1 Blatt Gelatine

Erdbeeren zum Garnieren
Staubzucker zum Bestreuen

Zubereitung

1. Backrohr auf 190 °C Ober-/Unterhitze vorheizen. Ein Backblech mit Backpapier auslegen.
2. Den Brandteig mit einem Dressiersack mit Sterntülle (ca. 12 mm Durchmesser) rund zu Windbeuteln auf das Blech dressieren. Im Rohr ca. 40 Minuten lang goldbraun backen. Herausnehmen, auskühlen lassen, dann quer in der Mitte halbieren.
3. In der Zwischenzeit für die Creme Erdbeeren putzen und waschen. Mit dem Kristallzucker mixen und unter das nicht zu fest geschlagene Obers heben. Gelatine 10 Minuten in kaltem Wasser einweichen. Dann das Wasser bis auf einen kleinen Rest abschütten und die aufgequollene Gelatine unter ständigem Rühren am Herd auflösen. Vorsichtig unter die Creme rühren. In einen Dressiersack mit Sterntülle füllen und in die untere Hälfte der Windbeutel dressieren.
4. Für die Garnitur die Erdbeeren putzen, waschen und in Scheiben schneiden. Die Creme damit belegen, den Deckel daraufsetzen und mit Staubzucker bestreuen.

Handdressierte Rothschild-Biskotten

Zutaten

für 15 bis 20 Biskotten

⏲ ½ Stunde

Für die Masse

3 Bio-Freilandeier
90 g Kristallzucker
½ Pkg. Vanillezucker oder Mark von ½ Vanilleschote
etwas abgeriebene Schale einer unbehandelten Bio-Zitrone
1 Prise Salz
100 g glattes Mehl

50 g grob gehackte Haselnüsse

Zubereitung

1. Eier trennen. Dotter mit einem Drittel des Kristallzuckers, dem Vanillezucker und der Zitronenschale schaumig rühren. Eiklar mit dem restlichen Kristallzucker und Salz zu Schnee schlagen. Vorsichtig mit der Dottermasse vermischen, dann das Mehl unterheben.
2. Das Backrohr auf 190 °C Ober-/Unterhitze vorheizen und ein Backblech mit Backpapier auslegen.
3. Die Masse in einen Dressiersack mit großer Lochtülle füllen und Biskotten auf das Blech dressieren.
4. Mit grob gehackten Haselnüssen bestreuen und im Rohr ca. 10 Minuten lang backen.

Dieses Rezept stammt von einem Leibkoch der Familie Rothschild, welche Generation, ist nicht bekannt. Die Besonderheit daran sind die Nüsse oder wahlweise Mandeln, mit denen die Biskotten bestreut werden. Hübsch sehen sie auch aus, wenn man sie rund dressiert.

Mailänder Schüsserl

Zutaten

für ca. 12 Stück
mit 7 cm Durchmesser
⏲ 2 Stunden

Für die Schüsserl

ca. 300 g Mürbteig
(siehe Grundrezept S. 191)
Mehl für die Förmchen

Für die Füllung

60 g Kristallzucker
45 g Honig
45 g Butter
45 g fein gehacktes Orangeat
45 ml Obers
60 g gestiftelte Mandeln
60 g halbe Mandeln
60 g ganze geschälte Haselnüsse

Für den Boden

80 g Bitterschokolade

Zubereitung

1. Mürbteig ca. 3 bis 4 mm dünn ausrollen. Muffinförmchen mit Mehl bestauben. Mürbteig rund ausstechen, sodass der Durchmesser 2 cm größer als der der Förmchen ist. Die Förmchen auslegen und im Backrohr bei 190 °C Ober-/Unterhitze ca. 12 Minuten goldgelb vorbacken. Herausnehmen und das Rohr bei ca. 180 °C weiter in Betrieb halten.
2. Kristallzucker, Honig, Butter, Orangeat und Obers in einem Topf aufkochen und etwa 3 Minuten kochen lassen. Vom Herd nehmen, Mandeln und Haselnüsse einmischen. Mit einem Löffel gleichmäßig in den vorgebackenen Schüsserln verteilen. Im Backrohr bei ca. 170 bis 180 °C etwa 25 Minuten backen, bis die Masse goldgelb wird.
3. Die Schüsserl aus der Form herausklopfen und auskühlen lassen.
4. Bitterschokolade langsam erwärmen und auflösen. Im Wasserbad auf ca. 30 °C temperieren, den Schüsserlboden außen damit bestreichen und trocknen lassen.

Süßigkeiten mit Honig-Mandel-Nuss-Massen sind eine Spezialität aus Nord- und Mittelitalien. Florentiner, Mailänder und Co kamen während der k. u. k. Monarchie nach Österreich.

Millefeuille mit Nougatmousse und Kumquat

Zutaten

für ca. 6 Portionen

⏲ 2 Stunden

plus 5 Stunden zum Kühlen

Für die Blätter

Strudelteig

(siehe Grundrezept S. 188)

Mehl zum Bestauben

Für die Nougatmousse

1 Bio-Freilandei

2 Dotter

40 g Kristallzucker

135 g dunkle Kuvertüre

60 g Nussnougat

¼ l geschlagenes Obers

Für die Garnitur

Kumquat, in dünne Scheiben geschnitten

Zubereitung

1. Den fertigen Strudelteig ca. 20 bis 30 Minuten rasten lassen. Dann mit einem Rollholz etwas ausrollen, über den Fäusten dünn ausziehen und vorsichtig auf ein mit Mehl bestaubtes Tuch legen. Damit man ihn ausstechen kann, muss der Teig noch etwas rasten, bis sich eine Haut bildet.
2. Das Backrohr auf 180 °C Ober-/Unterhitze vorheizen.
3. Mit einem runden Ausstecher von 4 bis 5 cm Durchmesser aus dem Teig Blättchen ausstechen und mit einer Palette vorsichtig auf ein mit Backpapier ausgelegtes Blech legen. Mit etwas Staubzucker bestreuen und im Backrohr bei 180 °C karamellisieren lassen. Auf Sicht backen und darauf achten, dass die Blättchen nicht zu dunkel werden, da sie sonst bitter schmecken.
4. Für die Nougatmousse Ei, Dotter und Kristallzucker bei ca. 60 °C über Wasserdampf warm schlagen. Die Kuvertüre und den Nougat erwärmen und auflösen. Unter die Masse rühren und in der Küchenmaschine so lange aufschlagen, bis die Masse wieder Zimmertemperatur erreicht hat. Das geschlagene Obers unterheben und die Mousse mindestens 5 Stunden lang kalt stellen.
5. Zum Anrichten mit einer Sterntülle kleine Rosetten dressieren und abwechselnd mit den Strudelteigblättern vier- bis sechsmal übereinanderschichten. Mit dünnen Kumquatscheiben garnieren und sofort servieren, da die luftige Mousse sonst zusammenfällt.

Original Ischler Törtchen

Zutaten

für 25 Törtchen
mit ca. 7 cm Durchmesser
⏱ 2 Stunden

Für die Taler

600 g Mürbteig
(siehe Grundrezept S. 191)

Für die Creme

250 g Vanillecreme
(siehe Grundrezept S. 194)
500 g Pariser Creme
(siehe Grundrezept S. 194)

Für die Glasur

Marillenmarmelade zum Bestreichen
500 g Fondant
etwas Läuterzucker (Zucker-Wasser-Gemisch im Verhältnis 1:1)
100 g Bitterschokolade

gehackte Pistazien zum Garnieren

Zubereitung

1. Backrohr auf 190 °C Ober-/Unterhitze vorheizen.
2. Den Mürbteig ca. 3 bis 4 mm dünn ausrollen. Mit einem runden Ausstecher von 7 cm Durchmesser Kreise ausstechen und auf ein mit Backpapier ausgelegtes Blech legen. Im Rohr ca. 12 Minuten lang goldgelb backen. Herausnehmen und abkühlen lassen.
3. Die ausgekühlte Vanillecreme mit einem Schneebesen glatt rühren.
4. Die ausgekühlte Pariser Creme leicht erwärmen und etwas schaumig schlagen. Dann mit der Vanillecreme vermischen und in einen Dressiersack mit Lochtülle (10 bis 15 mm Durchmesser) füllen. Auf die Hälfte der gebackenen Mürbteigtaler dressieren und jeweils mit einem Mürbteigtaler bedecken. In den Kühlschrank stellen und fest werden lassen.
5. Marillenmarmelade aufkochen und die Törtchen dünn damit bestreichen.
6. Fondant in einem Topf auf ca. 45 °C erwärmen, mit Läuterzucker nach Gefühl verdünnen. Bitterschokolade erhitzen und flüssig werden lassen. Dann das Fondant damit braun einfärben. Die Törtchen darin eintauchen und mit einer Palette abstreifen. Etwas antrocknen lassen und mit gehackten Pistazien garnieren.

Diese Spezialität wurde im Hause Zauner von Konditor Richard Kurth in den 1950er-Jahren erfunden. Die Konditorei trat damit 1959 in London bei der Olympiade der Zuckerbäcker an und wurde dafür mit der Goldmedaille als weltbestes Dessert ausgezeichnet.

Nuss-Ischler

Zutaten

für 25 Ischler
mit ca. 7 cm Durchmesser
ca. 2 Stunden

Für den Teig
600 g Mürbteig
(siehe Grundrezept S. 191)

Für die Creme
500 g Vanillecreme
(siehe Grundrezept S. 194)
130 g geriebene Walnüsse
250 g weiche Butter

Marillenmarmelade zum Bestreichen

Für die Garnitur
600 g Fondant
etwas Läuterzucker
(Zucker-Wasser-Gemisch
im Verhältnis 1:1)
1 TL löslicher Kaffee
1 Schuss Rum
halbierte Walnüsse zum Garnieren

Zubereitung

1. Backrohr auf 190 °C Ober-/Unterhitze vorheizen.
2. Den Mürbteig ca. 3 bis 4 mm dünn ausrollen. Mit einem runden Ausstecher von 7 cm Durchmesser Kreise ausstechen und auf ein mit Backpapier ausgelegtes Blech legen. Im Rohr ca. 12 Minuten lang goldgelb backen. Herausnehmen und abkühlen lassen.
3. Die ausgekühlte Vanillecreme mit einem Schneebesen glatt rühren und die geriebenen Walnüsse einmischen.
4. Weiche Butter schaumig rühren. Mit der Vanillecreme vermischen und weiter aufschlagen.
5. Die Creme in einen Dressiersack mit Lochtülle (10 mm Durchmesser) füllen. Auf die Hälfte der gebackenen Mürbteigkreise dressieren und jeweils mit einem Mürbteigkreis bedecken. In den Kühlschrank stellen und fest werden lassen.
6. Die Marillenmarmelade aufkochen und die Törtchen dünn damit bestreichen.
7. Fondant in einem Topf auf ca. 45 °C erwärmen, mit Läuterzucker nach Gefühl verdünnen. Pulverkaffee in Rum auflösen und das Fondant damit kaffeebraun einfärben.
8. Die Törtchen darin eintauchen und mit einer Palette abstreifen. Etwas antrocknen lassen und mit halben Walnüssen garnieren.

Punschkrapferl

Zutaten

für 12 Punschkrapferl

1½ Stunden

Für das Biskuit

4 Bio-Freilandeier
100 g Feinkristallzucker
80 g Mehl
20 g Maizena
30 g flüssige Butter

Für die 1. Füllung

40 g Biskuit-Reste
100 g passierte Marillenmarmelade
1 Spritzer Zitronensaft

Für die 2. Füllung

40 g Biskuit-Reste
50 g zerlassene Kochschokolade
1 TL Vanillezucker
2 EL Rum

Punschglasur
Pistazien und Schokoglasur
zum Verzieren

Zubereitung

1. Backrohr auf 180 °C Ober-/Unterhitze vorheizen.
2. Für den Teig Eier und Zucker über Dampf dickschaumig schlagen. Mehl und Maizena luftig unterheben, lauwarme Butter einarbeiten.
3. Fingerdick auf ein mit Backpapier belegtes Blech streichen. Im Backrohr unter Aufsicht 8 Minuten lang hellbraun backen. Dann mitsamt dem Backpapier auf ein Gitter legen und auskühlen lassen.
4. Das Backpapier abziehen und das Biskuit in zwei Rechtecke mit 16 × 12 cm Seitenlänge schneiden.
5. Das restliche Biskuit klein würfeln.
6. Die Hälfte der Biskuitwürfel mit Marillenmarmelade und Zitronensaft vermischen. Die andere Hälfte mit Kochschokolade, Vanillezucker und Rum verrühren.
7. Auf eine Biskuitplatte zuerst die Schokofüllung aufstreichen, dann die Marillenfüllung darüber verteilen und glatt streichen. Die 2. Biskuitplatte daraufsetzen, mit einem Küchenbrett beschweren und 1 Stunde stehen lassen.
8. Die Punschglasur über Wasserdampf schmelzen und glatt rühren.
9. Das gefüllte Biskuit mit einem Sägemesser in 4 cm große Quadrate schneiden und die Stücke auf ein Gitter setzen. Mit Punschglasur überziehen und nach Belieben mit einer Pistazie und etwas Schokoglasur verzieren. An einem kühlen Ort trocknen lassen.

Glasierte Walnussschifferl

Zutaten
für ca. 12 Schifferl
von ca. 11 cm Länge
⏲ 2 Stunden

Für die Schifferl
250 g Mürbteig
(siehe Grundrezept S. 191)
Mehl zum Bestauben

Für die Fülle
75 g geriebene Walnüsse
50 g Semmelbrösel
40 g Staubzucker
60 ml Milch
1 EL Honig
1 Schuss Rum
1 EL Rosinen
1 Msp. Zimt

Für die Glasur
Marillenmarmelade zum Bestreichen
200 g Fondant
etwas Läuterzucker (Zucker-Wasser-Gemisch im Verhältnis 1:1)

halbierte Walnüsse zum Garnieren

Zubereitung

1. Backrohr auf 180 °C Ober-/Unterhitze vorheizen.
2. Den Mürbteig ca. 3 bis 4 mm dünn ausrollen. Kleine längliche Schüsserl mit Mehl ausstauben. Aus dem Mürbteig entsprechend große Stücke ausschneiden und die Förmchen damit auslegen.
3. Für die Fülle alle Zutaten mit dem Kochlöffel in einer Schüssel gut verrühren. In die Förmchen füllen und mit Mürbteig abdecken.
4. Mit einer Gabel stupfen und im Rohr 20 bis 25 Minuten lang goldgelb backen. Herausnehmen, aus den Förmchen stürzen und abkühlen lassen.
5. Marillenmarmelade erhitzen und die Schifferl dünn damit bestreichen. Fondant in einem Topf auf ca. 45 °C erwärmen, mit Läuterzucker nach Gefühl verdünnen. Die Schifferl dünn damit glasieren. Etwas antrocknen lassen und mit halben Walnüssen garnieren.

→ Wenn keine länglichen Förmchen vorhanden, können auch Muffinförmchen verwendet werden.

Warme Süssspeisen

Schokokoch mit Schlag

Zutaten
für 6 Portionen
⏲ 1 Stunde

Für das Schokokoch
60 g Zartbitterschokolade
Butter und Kristallzucker
für die Förmchen
3 Bio-Freilandeier
50 g zimmerwarme Butter
1 TL Vanillezucker
½ TL abgeriebene Schale
einer unbehandelten Bio-Orange
1 Prise Salz
50 g Feinkristallzucker
50 g geriebene Haselnüsse
30 g Semmelbrösel

Für die Schokosauce
100 g Zartbitterschokolade
⅛ l Wasser
1 TL Vanillezucker
2 EL Zucker
200 ml Milch
2 EL Butter

Schlagobers für die Garnitur

Zubereitung

1. Schokolade im Wasserbad lauwarm schmelzen. 6 kleine Metall- oder Puddingformen mit Butter ausstreichen und mit Kristallzucker bestreuen.
2. In einen flachen Topf mit ausreichend Platz für die Förmchen 3 Finger hoch Wasser einfüllen und auf etwa 90 °C erhitzen.
3. Die Eier in Eiklar und Eidotter trennen. Butter schaumig rühren, nach und nach Schokolade, Eidotter, Vanillezucker und Orangenschale unterrühren.
4. Eiklar mit Salz und Zucker zu Schnee schlagen. Mit Nüssen und Semmelbröseln luftig unter die Schokomasse heben. Die Masse in die Förmchen füllen und ins Wasserbad stellen. Zudecken und unter dem Siedepunkt etwa 30 Minuten pochieren.
5. Für die Sauce Schokolade reiben. In einem kleinen Topf Wasser mit Vanillezucker und Zucker aufkochen. Schokolade zugeben und glatt rühren. Milch zugießen und alles 5 Minuten köcheln lassen. Vom Herd nehmen und die Butter unterschlagen.
6. Das warme Schokokoch aus den Förmchen stürzen, mit Schlagobers und Schokosauce anrichten.

Crème brûlée mit Weichselragout und Hippen

Zutaten
für 6 Portionen
2 Stunden
plus 1 Nacht im Kühlschrank

Für die Crème brûlée
320 ml Obers
100 ml Milch
30 g Kristallzucker
5 Dotter
75 g zerkleinerter Haselnussnougat
brauner Zucker zum Karamellisieren

Für die Hippenrolle
25 g Staubzucker
25 g weiche Butter
25 g Mehl
1 Eiklar

Für das Ragout
100 g Kristallzucker
¼ l Portwein
Saft einer Orange
1 Zimtstange
300 g Weichseln
1 EL Stärkemehl

Zubereitung

1. Backrohr auf 110 °C Ober-/Unterhitze vorheizen.
2. Für die Crème brûlée Obers mit Milch und 10 g Zucker aufkochen und vom Herd nehmen. Dotter mit dem restlichen Zucker glatt rühren, in die heiße Obersmasse gießen und umrühren. Dann den zerkleinerten Haselnussnougat vorsichtig unterziehen. Die Masse in kleine feuerfeste Förmchen füllen.
3. Heißes Wasser ca. 2 cm hoch in ein Randblech gießen und die Förmchen hineinstellen. Im vorgeheizten Backrohr 80 bis 90 Minuten pochieren, bis die Masse zu stocken beginnt (Konsistenz ähnlich wie bei Wackelpudding). Über Nacht in den Kühlschrank stellen.
4. Backrohr auf 190 °C Ober-/Unterhitze vorheizen.
5. Für die Hippenspiralen alle Zutaten in einer Schüssel zu einer cremigen Masse verrühren. In einen Einwegdressiersack füllen und diesen mit einer kleinen Öffnung aufschneiden.
6. Ein Blech mit Backpapier auslegen und 15 bis 25 cm lange Streifen aufspritzen. Im Rohr ca. 10 Minuten backen, bis die Hippen leicht Farbe nehmen. Nach und nach vom Backblech lösen, noch heiß über einen runden Griff (z. B. vom Schneebesen) drehen und erstarren lassen.
7. Für das Ragout Kristallzucker in einem Kochtopf hell karamellisieren, mit Portwein und Orangensaft ablöschen. Zimtstange zugeben und leicht wallend köcheln lassen, bis sich der Zucker gelöst hat.
8. Die Weichseln halbieren und entkernen. In den kochenden Weinsud geben und ca. 3 Minuten weiterkochen lassen. Stärkemehl in etwas Wasser auflösen und unter ständigem Rühren unter das Ragout mischen. Vom Herd nehmen, auskühlen lassen und bis zum Servieren kühl stellen.
9. Die Crème brûlée dünn mit braunem Zucker bestreuen und mit einem Bunsenbrenner abflämmen. Auf Tellern anrichten, mit Weichselragout und Hippen garnieren.

→ Als Garnierung eignen sich auch karamellisierte Haselnüsse hervorragend. Die Hippenspiralen können gut vorbereitet werden.

Schlosserbuben mit Karamellsauce

Zutaten
für 4 Portionen
1½ Stunden

Für die Fülle
16 Dörrzwetschken
16 weiße Mandeln

Für die Karamellsauce
100 g Kristallzucker
1/16 l Wasser
¼ l Milch
2 Dotter
1 EL Vanillepuddingpulver
20 ml Grand Marnier

Für den Backteig
⅛ l Milch
100 g Weizenmehl
1 EL Öl
1 Bio-Freilandei
1 EL Kristallzucker
1 Prise Salz

Öl zum Backen

1 EL gemahlener Zimt
800 g Kristallzucker

Zubereitung

1. Dörrzwetschken mehrere Stunden in lauwarmem Wasser einweichen. Dann den Kern herauslösen und stattdessen eine abgezogene weiße Mandel einlegen.
2. Für die Karamellsauce Zucker in einer etwas höheren Pfanne karamellisieren und mit Wasser ablöschen. Sollten sich Zuckerklumpen bilden, diese durch ständiges Rühren auflösen.
3. Dotter und Puddingpulver mit der Milch verrühren, unter die Karamellmasse mischen und zur Rose abziehen. Mit Grand Marnier abschmecken und warm stellen.
4. Milch, Mehl, Öl, Ei, Zucker und Salz zu einem dickflüssigen Teig verrühren. Die Zwetschken eintauchen und schwimmend im heißen Öl backen. Herausnehmen und auf Küchenpapier abtropfen lassen. In Zimt-Kristallzucker wälzen und je 4 Stück mit Karamellsauce anrichten.

Mohn-Nuss-Nudeln

Zutaten

für 4 Portionen

◷ 1½ Stunden

Für den Teig

700 g mehlige Erdäpfel

200 g Mehl

½ TL Salz

2 Eier

Zum Bestreuen

100 g geröstete Haselnüsse

90 g Zucker

150 g geriebener Mohn

100 g braune Butter

Staubzucker zum Bestreuen

Zubereitung

1. Für den Teig Erdäpfel weich kochen und noch heiß schälen.
2. Mehl mit Salz auf eine Arbeitsfläche sieben, Erdäpfel durch die Presse draufdrücken. Eier zugeben und rasch zu einem glatten Teig kneten. Kurz rasten lassen, dann mit Mehl bestauben und zu ca. 2 cm dicken Stangen rollen. In kleine Stücke schneiden und mit bemehlten Händen zu runden Nudeln drehen.
3. Haselnüsse mit einer Mandelmühle reiben und mit Zucker vermischen. In einer Pfanne unter ständiger Bewegung rösten, ohne dass sich der Zucker auflöst.
4. In einem großen Topf Salzwasser aufkochen. Die Nudeln darin ca. 8 Minuten gar ziehen lassen, bis sie an der Oberfläche schwimmen. Herausheben, abtropfen lassen und auf Tellern verteilen. Dick mit Haselnüssen und Mohn bestreuen, mit brauner Butter übergießen und anzuckern.

→ Als Alternative kann man die Mohn- und Nussnudeln extra zubereiten (siehe Foto). Dafür nimmt man bei diesem Rezept entweder 250 g Mohn oder 250 g Nüsse.

Nusspalatschinken

Zutaten

für 4 Portionen

⏲ 1½ Stunden

Für die Palatschinken

120 g Mehl

¼ l Milch

2 Bio-Freilandeier

1 Prise Salz

etwas Vanillezucker

Öl zum Backen

30 g flüssige Butter zum Überbacken

Für die Fülle

¼ l Milch

100 g Kristallzucker

Mark von ½ Vanilleschote

1 EL Honig

300 g grob geriebene Walnüsse

30 ml Rum

Für die Garnitur

½ Menge Schokoladesauce

(siehe Grundrezept S. 193)

Staubzucker

Schlagobers

Walnüsse

Kirschen

Zubereitung

1. Für den Teig Mehl in eine Schüssel sieben. Die restlichen Zutaten zugeben und alles glatt verrühren. Den Teig 5 Minuten rasten lassen.
2. Backrohr auf 200 °C vorheizen.
3. Für die Fülle Milch mit Kristallzucker, Vanillemark und Honig aufkochen. Dann Walnüsse und Rum unterziehen.
4. Pro Person 2 Palatschinken mit Nussfülle bestreichen und einrollen. Die eingerollten Palatschinken auf ein Backblech legen, dünn mit flüssiger Butter bestreichen und im Backrohr ca. 5 Minuten überbacken.
5. Palatschinken auf Tellern anrichten, mit Schokoladesauce überziehen und anzuckern. Mit Schlagobers, halben Walnüssen und Kirschen garnieren.

Zauner-Palatschinken

Zutaten
für 4 Portionen
⏲ ½ Stunde

Für die Palatschinken
120 g Mehl
¼ l Milch
2 Bio-Freilandeier
1 Prise Salz
etwas Vanillezucker

Öl zum Backen

Für die Fülle
¼ l Milch
80 g Kristallzucker
2 Dotter
15 g Vanillepuddingpulver
1 Schuss Cognac
1 EL Krokant

Für die Garnitur
gesüßtes Erdbeermus (Erdbeeren, 1:1 mit Staubzucker püriert)
geschlagenes Obers
frische Früchte
Krokant zum Bestreuen

Zubereitung

1. Für den Teig Mehl in eine Schüssel sieben. Die restlichen Zutaten zugeben und alles glatt verrühren. Den Teig 5 Minuten rasten lassen.
2. Für die Fülle zwei Drittel der Milch mit Zucker aufkochen. Die restliche Milch mit Dotter und Puddingpulver kalt verrühren. In die kochende Milch einrühren und so lange rühren, bis die Creme zu stocken beginnt. Vom Herd nehmen und Cognac und Krokant einrühren.
3. Den Teig mit dem Schneebesen durchrühren und Palatschinken backen. Mit der Fülle bestreichen, einrollen und im Backrohr warm stellen.
4. Erdbeermus und geschlagenes Obers auf 4 Tellern anrichten. Je 2 Palatschinken auf die Teller legen und mit frischen Früchten garnieren.

→ Erdbeermus kann man gut auf Vorrat vorbereiten. Dafür Erdbeeren und Staubzucker im Verhältnis 1:1 pürieren und durch ein feines Sieb streichen. Hält im verschlossenen Glas 2 Wochen im Kühlschrank. Auch die Fülle lässt sich gut vorbereiten und wird vor Verwendung im Wasserbad erhitzt. Die gefüllten Palatschinken kann man vor dem Anrichten auf ein Backblech legen und dünn mit flüssiger Butter bestreichen. Dann im Backrohr ca. 5 Minuten überbacken. Für selbst gemachten Krokant gibt man grob gehackte Haselnüsse ca. 3 mm hoch in eine Pfanne und karamellisiert sie mit etwas Zucker und Butter.

Kaiseromelette mit Weinsabayon

Zutaten

für 1 Omelette = 4 Portionen

⏲ 1½ Stunden

⅛ l Milch
30 g Butter
50 g Kristallzucker
1 Prise Salz
Mark von ½ Vanilleschote
50 g Mehl
3 Dotter
3 Eiklar
1 EL Butter zum Backen
100 g Erdbeermarmelade

Für das Weinsabayon

⅛ l Weißwein
1 Dotter
50 g Kristallzucker
ca. 50 g Stärkemehl

Zubereitung

1. Backrohr auf 230 °C Oberhitze vorheizen.
2. Milch, Butter, zwei Drittel vom Zucker, Salz und Vanillemark aufkochen. Das gesiebte Mehl in einem Schwung zugeben und rasch, am besten mit einem Kochlöffel, glatt rühren. Die Masse so lange abrösten, bis sie sich vom Topfboden löst. Diesen Brandteig in eine runde Schale umfüllen und die Dotter nach und nach einrühren.
3. Eiklar mit dem restlichen Zucker nicht zu fest aufschlagen und vorsichtig unter die Brandmasse ziehen.
4. Die Masse in eine beschichtete Pfanne mit 1 EL Butter streichen, sodass die Masse außen dicker als in der Mitte ist. Am Herd ca. 3 Minuten lang erhitzen, bis der Boden leicht Farbe annimmt.
5. Dann im vorgeheizten Rohr bei 230 °C Oberhitze ausbacken, bis auch die Oberfläche Farbe angenommen hat und sich bei der Fingerprobe ein leichter Widerstand ergibt.
6. Eine Hälfte des gebackenen Omelettes sofort mit Erdbeermarmelade bestreichen. Die unbestrichene Hälfte darüberklappen, das Omelette auf eine Platte stürzen und mit Staubzucker besieben.
7. Für das Sabayon zwei Drittel der Weinmenge aufkochen. In das restliche Drittel Dotter, Zucker und Stärkemehl einrühren und in den kochenden Wein gießen. Mit dem Schneebesen unter ständigem Schlagen zu einer schaumigen Sauce abziehen.
8. Das Kaiseromelette in vier Teile portionieren und mit Weinsabayon anrichten.

→ Anstelle des Weinsabayons passen auch sehr gut Kompotte, z. B. Ananas oder Pfirsich. In der Erdbeerzeit kann man das Kaiseromelett mit frischen Erdbeeren, die man vorher in der Pfanne mit etwas Zucker karamellisiert, füllen.

Feiner Topfenauflauf mit Waldbeergranité

Zutaten

für 1 Auflaufform von ca. 25 × 15 cm

ca. 1½ Stunden

plus 4 Stunden zum Frieren

Für das Granité

150 g Zucker

50 ml Wasser

300 g gemischte Beeren (Himbeeren, Heidelbeeren, Erdbeeren)

1 Zimtstange

Saft von ½ Zitrone

150 ml Prosecco

Für den Auflauf

7 Bio-Freilandeier

500 g Topfen

200 g Kristallzucker

1 Pkg. Vanillezucker

abgeriebene Schale von 1 unbehandelter Bio-Zitrone

2 gehäufte EL Stärkemehl

50 g flüssige Butter

Butter und Brösel für die Form

Staubzucker zum Bestreuen

Beeren für die Garnitur

Zubereitung

1. Für das Granité Zucker mit Wasser aufkochen. Beeren, Zimtstange und Zitronensaft zugeben und kurz ziehen lassen. Die Zimtstange entfernen und den Beerenmix mit einem Mixstab pürieren. Das Püree durch ein feines Sieb streichen und mit Prosecco vermischen.
2. In ein flaches, gefrierfestes Gefäß füllen und mindestens 4 Stunden ins Tiefkühlfach stellen. Gelegentlich mit einer Gabel kräftig durchrühren, damit keine zu großen Eiskristalle entstehen. Bis zum Servieren im Tiefkühlfach aufbewahren.
3. Backrohr auf 180 °C Ober-/Unterhitze vorheizen.
4. Eier trennen. Dotter mit Topfen, 150 g Kristallzucker, Vanillezucker und Zitronenschale gut verrühren, dann die Stärke einmischen.
5. Eiklar mit dem restlichen Zucker zu einem cremigen Schnee schlagen und mit der flüssigen Butter vorsichtig unter die Topfenmasse heben.
6. Eine Auflaufform mit Butter ausstreichen und bebröseln. Die Topfenmasse einfüllen und im vorgeheizten Backrohr ca. 40 Minuten backen.
7. Herausnehmen, in Stücke schneiden und mit Staubzucker bestreuen. Mit frischen Beeren und dem Waldbeergranité anrichten.

→ Damit der Auflauf nicht so stark einsinkt, nimmt man ihn in der Hälfte der Backzeit aus dem Rohr und fährt mit einem Messer zwischen dem Rand der Form und dem Auflauf entlang. Dann 5 Minuten ruhen lassen und anschließend zu Ende backen.

Gewürzsoufflés mit Rotweinsabayon und Cassis-Feigen

Zutaten

für 4 bis 5 Portionen

⏲ ca. 1¼ Stunden
plus 3 Stunden zum Marinieren der Feigen

Für die Cassis-Feigen

¼ kg Johannisbeeren
80 g Zucker
⅛ l Rotwein
50 ml Cassislikör
1 Prise Zimt
Saft von ½ Orange
2–4 frische Feigen

Für die Gewürzsoufflés

Butter und Staubzucker für die Formen
180 ml Milch
20 g Butter
50 g Mehl
2 Dotter
3 Eiklar
50 g Kristallzucker
1 Msp. Zimt
1 Msp. gemahlene Nelken
abgeriebene Schale von 1 unbehandelter Bio-Orange
1 Prise Muskatnuss

Für das Rotweinsabayon

⅛ l Rotwein
125 g Kristallzucker
Saft einer Zitrone
2 Dotter
1 Bio-Freilandei
1 Prise Salz

Zubereitung

1. Für die Cassis-Feigen Johannisbeeren mit Zucker, Rotwein, Cassislikör, Zimt und Orangensaft in einem Topf aufkochen. Vom Herd nehmen, pürieren und durch ein feines Sieb passieren. Diese Sauce nochmals aufkochen und ca. 5 Minuten einreduzieren.
2. Die Feigen vierteln, mit der heißen Sauce übergießen und mindestens 3 Stunden ziehen lassen.
3. Für die Soufflés kleine backfeste Förmchen mit weicher Butter ausstreichen und mit Staubzucker bestreuen. Backrohr auf 200 °C Ober-/Unterhitze vorheizen.
4. Milch und Butter aufkochen, das Mehl kräftig unterrühren und vom Herd nehmen. Kurz überkühlen lassen, dann nach und nach die Dotter einrühren.
5. Eiklar zu einem cremigen Schnee schlagen und mit den Gewürzen unter die kalte Masse heben.
6. Die Masse drei Viertel hoch in die Formen füllen. Ein Randblech ca. 2 cm hoch mit heißem Wasser füllen und die Formen hineinstellen. Im Rohr ca. 30 Minuten backen.
7. In der Zwischenzeit für das Sabayon alle Zutaten in einer Metallschüssel verrühren. Dann über einem heißen Wasserbad 4 bis 5 Minuten dickcremig rühren. Das Sabayon sofort auf Tellern anrichten, das Gewürzsoufflé daraufsetzen und mit Cassis-Feigen garnieren.

Gratinierte Waldbeeren

Zutaten
für 4 Portionen
20 Minuten

Für das Gratin
250 g Topfen (20 %)
2 Bio-Freilandeier
½ TL Vanillezucker
1 Prise Salz
30 g Feinkristallzucker
etwas abgeriebene Schale
einer unbehandelten Bio-Orange
1 EL Maisstärke

½ kg Walderdbeeren
1 Spritzer Orangenlikör
Staubzucker zum Bestreuen

Zubereitung

1. Topfen in einem feinen Sieb abtropfen lassen.
2. Eier trennen. Die Dotter mit Vanillezucker, Salz, 10 g Zucker und Orangenschale schaumig rühren. Dann locker mit dem Topfen vermischen.
3. Eiklar mit dem restlichen Zucker zu einem festen Schnee schlagen und mit Maisstärke möglichst luftig unter die Topfenmasse heben.
4. Die Grillfunktion des Backofens einschalten.
5. Walderdbeeren waschen und trocken tupfen. Mit Likör und etwas Staubzucker marinieren und in kleinen, tiefen Tellern verteilen. Die Topfencreme über die Beeren löffeln und auf der mittleren Schiene unter dem Grill 4 bis 5 Minuten goldgelb überbacken. Herausnehmen und mit Staubzucker bestreuen.

Kaiserschmarren mit karamellisierten Birnen

Zutaten

für 4 Portionen (als Hauptspeise)

⏲ 40 Minuten

Für die karamellisierte Birne

1 mittelgroße, feste Birne

Butter für die Pfanne

1 EL Kristallzucker zum Karamellisieren

Für den Kaiserschmarren

½ l Milch

10 Eidotter

350 g Weizenmehl

1 Prise Salz

etwas abgeriebene Schale einer unbehandelten Bio-Zitrone

Mark von 1 Vanilleschote

20 g frischer oder kandierter Ingwer

13 Eiklar

100 g Kristallzucker

Butter für die Pfanne

Staubzucker zum Bestreuen

Zubereitung

1. Die Birne halbieren, das Kerngehäuse entfernen und blättrig schneiden.
2. In einer Pfanne Butter schmelzen, Kristallzucker zugeben und unter ständigem Rühren den Zucker karamellisieren. Die Birnenspalten einlegen und glasieren.
3. Für den Kaiserschmarren Milch, Dotter, Mehl, Salz, Zitronenschale, Vanillemark und Ingwer verrühren.
4. Eiklar mit Kristallzucker aufschlagen und unter die Masse heben.
5. In einer vorgeheizten Pfanne Butter zergehen lassen und die Masse portionsweise backen. Am besten den Schmarren bei eher mäßiger Hitze und zugedeckt anbacken, bis die Bodenseite eine schöne Farbe annimmt. Dann den Schmarren wenden und fertig backen. Den Kaiserschmarren mit zwei Gabeln zerreißen und mit den karamellisierten Birnenspalten vermischen. Auf Tellern anrichten und anzuckern.

→ Am flaumigsten wird der Kaiserschmarren, wenn Sie ihn nur kurz hellgelb am Herd anbacken und im Backrohr bei 200 °C fertig backen. Falls Sie mehrere Portionen Kaiserschmarren zubereiten, empfiehlt es sich, die Birnen für mehrere Portionen zu karamellisieren und portionsweise beim Anrichten unterzuheben. Bei Verwendung von frischem Ingwer diesen fein reiben. Kandierten Ingwer fein hacken. Bevorzugen Sie eher einen traditionellen Kaiserschmarren, die karamellisierte Birne und den Ingwer weglassen. Stattdessen in den halb gebackenen Schmarren in Rum eingelegte Rosinen einstreuen und mit Zwetschkenröster servieren.

Es gibt viele Histörchen über die Entstehung, in Bad Ischl, speziell beim Zauner, gilt aber nur die eine von der kaiserlichen Jagdgesellschaft, die bei der Rettenbacher Alm in ein Gewitter geriet und auf einer Almhütte Unterschlupf fand. Die Sennerin wollte den Gestrandeten ein Omelett aus Eiern und Milch zubereiten, wurde aber nervös, als sie erfuhr, dass auch der Kaiser auf ihrer Holzbank saß. Das Omelett misslang, also musste sie es zerreißen. Weil es so großen Anklang fand, taufte sie es Kaiserschmarren.

Marillenknödel mit Marillenragout

Zutaten
für 8 Knödel
2 Stunden

Für die Knödel
80 g Butter
20 g Staubzucker
Mark von ½ Vanilleschote
1 g Salz
etwas abgeriebene Schale
einer unbehandelten Bio-Zitrone
1 Bio-Freilandei
3 Dotter
300 g Topfen
120 g griffiges Mehl
8 Marillen
8 Würfelzucker

Für das Marillenragout
½ kg Marillen
ca. ¼ l Wasser
200 g Zucker

Für die süßen Brösel
250 g Brösel
50 g Staubzucker
1 Msp. Vanillezucker
3 g flüssige Butter

Zubereitung

1. Für den Topfenteig Butter mit Staubzucker, Vanillemark, Salz und Zitronenschale schaumig rühren. Nach und nach das Ei und die Dotter zugeben und gut aufschlagen. Topfen gut unterrühren, das Mehl einmischen und den Teig gut durcharbeiten. Im Kühlschrank kalt stellen.
2. Für das Ragout reife, aber nicht zu weiche Marillen entkernen, in feine Spalten schneiden und eventuell die Schale abziehen. Wasser mit Zucker aufkochen und die Marillen darin bissfest kochen.
3. Die kalte Topfenmasse portionieren. Dafür den Teig entweder auf einem bemehlten Brett ca. 8 mm dick ausrollen und in ca. 8 cm große Quadrate schneiden oder daraus eine Rolle formen und diese in 8 Stücke teilen.
4. Marillen entkernen und jeweils mit einem Würfelzucker füllen. Mit der Topfenmasse umhüllen und mit bemehlten Händen zu glatten Knödeln formen.
5. In einem großen Topf Salzwasser aufkochen und die Knödel darin mehr ziehen als kochen lassen. Mit einem Siebschöpfer herausheben und gut abtropfen lassen.
6. Brösel im Backrohr goldgelb rösten. Mit Staubzucker, Vanillezucker und flüssiger Butter vermischen. Die Knödel darin rollen und anrichten. Anzuckern und mit Marillenragout servieren.

Brandteigkrapferl mit Cappuccino-Mousse

Zutaten

für 4 bis 6 Portionen

⏲ 2 Stunden plus 4 Stunden zum Kühlen

Für die Cappuccino-Mousse

1 Bio-Freilandei
2 Dotter
30 g Kristallzucker
20 ml starker Espresso
300 g weiße Kuvertüre
¼ l geschlagenes Obers

Für das Maracujagel

5–10 Maracujas (je nach Größe)
1 TL Agar-Agar
80 g Kristallzucker

Für die Brandteigkrapferl

⅛ l Milch
65 g Mehl
1 Prise Salz
2–3 Eier (je nach Größe)

150 g Kristallzucker für das Karamellgitter

→ Im ersten Drittel der Backzeit darf das Rohr nicht geöffnet werden, da die Krapferl sonst zusammenfallen.

Zubereitung

1. Für die Mousse Ei, Dotter, Zucker und Espresso über einem heißen Wasserbad (ca. 60 °C) schaumig rühren. Kuvertüre auflösen und zugeben. In der Küchenmaschine weiterschlagen, bis die Masse wieder Zimmertemperatur erreicht hat. Das aufgeschlagene Obers vorsichtig unter die Masse heben und mindestens 4 Stunden im Kühlschrank durchkühlen.
2. Für das Gel Maracujas in der Mitte auseinanderteilen und das Fruchtfleisch mit einem Löffel durch ein feines Sieb streichen (für das Rezept werden 200 ml Maracujapüree benötigt).
3. Das passierte Fruchtfleisch in einem Kochtopf aufkochen. Agar-Agar mit Zucker mischen und unter das Püree rühren. Das Gel im Kühlschrank auskühlen lassen. Vor dem Servieren mit einem Stabmixer pürieren, um eine luftige Konsistenz zu erreichen.
4. Backrohr auf 200 °C Ober-/Unterhitze vorheizen.
5. Für den Brandteig Milch mit Butter aufkochen. Das gesiebte Mehl in einem Schwung zugeben und in die Masse einrühren. Den Teig so lange abrösten, bis er sich vom Rand löst. Vom Herd nehmen und kurz überkühlen lassen. Dann nach und nach Eier einrühren und die Masse in eine dressierfähige Konsistenz bringen.
6. Ein Blech mit Backpapier auslegen. Die Masse in einen Dressiersack mit Sterntülle füllen und ca. 20 bis 30 kleine Krapferl auf das Blech dressieren. Im vorgeheizten Backrohr ca. 35 Minuten backen.
7. Herausnehmen und auskühlen lassen. Dann eine Kappe einschneiden, die man aufklappen, aber nicht abnehmen kann. Die Cappuccino-Mousse mit einem Dressiersack in die Krapferl füllen.
8. Für das Karamellgitter in einer Kasserolle Kristallzucker zu hellem Karamell schmelzen lassen. Vom Herd nehmen und etwas abkühlen lassen. Eine Gabel in das Karamell eintauchen und auf einem Backpapier mit kreisrunden Bewegungen ein Gitter formen.
9. Die Brandteigkrapferl mit Maracujagel und Karamellgitter garnieren.

Salzburger Nockerl

Zutaten
für 3 Personen
⏲ 20 Minuten

Für die Nockerl
1 gehäufter EL Butter
1 EL Preiselbeerkompott
etwas Milch
8 Eiklar
100 g Kristallzucker
3 Eidotter
Mark von ½ Vanilleschote
etwas abgeriebene Schale
einer unbehandelten Bio-Zitrone
1 EL Weizenmehl

Für die Garnitur
Staubzucker zum Bestreuen
150 g Himbeeren
20 ml Himbeergeist
40 ml Läuterzucker

Zubereitung

1. Backrohr auf 220 °C Ober-/Unterhitze vorheizen. Butter, Preiselbeeren und etwas Milch in eine Kasserolle geben und im vorgeheizten Backrohr warm stellen.
2. Für die Nockerlmasse Eiklar mit Kristallzucker aufschlagen. Dotter mit Vanillemark verrühren und mit der Zitronenschale einmischen. Dann das Mehl mit einem Schneebesen vorsichtig unterziehen.
3. Mit einer Teigkarte am Schüsselrand 3 pyramidenförmige Nockerl formen und in die heiße Kasserolle setzen. Im vorgeheizten Backrohr 10 Minuten backen. Auf keinen Fall ganz durchbacken – die Nockerl sollen innen noch cremig sein. Herausnehmen, sofort mit Staubzucker bestreuen und servieren.
4. Dazu passen mit Himbeergeist und Läuterzucker marinierte Himbeeren.

→ Anstatt der marinierten Himbeeren passt auch Vanillecreme oder mit Obers verrührtes gesüßtes Himbeermus. Es wird behauptet, dass sie dreihügelig sein müssen und den Mönchsberg, den Kapuzinerberg und den Gaisberg in Salzburg-Stadt symbolisieren.

Weihnachten

Weihnachtlich garnierter Rotweingugelhupf

Zutaten

für 1 Gugelhupfform
mit 23 cm Durchmesser
⏲ 2 Stunden

Für den Teig

5 Bio-Freilandeier
70 g Rosinen
Rum zum Beträufeln
330 g weiche Butter
170 g Staubzucker
170 g Kristallzucker
1 Prise Salz
330 g glattes Mehl
140 g geriebene Bitterschokolade
20 g Kakaopulver
1 Msp. Zimt
160 ml Rotwein

Butter und Mehl für die Form

Für die Glasur

Marillenmarmelade zum Bestreichen
400 g Fondant
evtl. Läuterzucker
(½ kg Zucker : ½ l Wasser)

weihnachtliche Marzipanmotive

Zubereitung

1. Backrohr auf 185 °C Ober-/Unterhitze vorheizen.
2. Eier trennen, Rosinen mit etwas Rum beträufeln. Die weiche Butter mit Staubzucker schaumig rühren, Dotter nach und nach zugeben. Das Eiklar mit Kristallzucker und Salz zu Schnee schlagen.
3. Das Mehl, geriebene Bitterschokolade, Kakaopulver, Rumrosinen und etwas Zimt gut vermischen.
4. Den Eischnee vorsichtig unter die Buttermasse rühren und das Mehlgemisch unterheben. Zum Schluss den Rotwein einrühren.
5. Eine Gugelhupfform mit Butter ausstreichen und mit Mehl bestauben. Teig einfüllen, im Rohr 60 bis 70 Minuten backen. Nach dem Backen den Gugelhupf stürzen, aus der Form lösen und auskühlen lassen.
6. Marillenmarmelade aufkochen und den Gugelhupf damit bestreichen. Fondant vorsichtig auflösen, eventuell mit Läuterzucker verdünnen. Dafür Zucker mit Wasser langsam aufkochen. Den Schaum abschöpfen und so lange kochen, bis die Flüssigkeit klar ist.
7. Den Gugelhupf auf ein Gitter stellen und mit leicht erwärmtem Fondant glasieren. Nach dem Abtrocknen auf einen Teller geben und mit weihnachtlichen Marzipanmotiven garnieren.

Adventstrudel

Zutaten

für 1 Strudel
⏲ 1½ Stunden

Für den Teig

200 g glattes Mehl
1 Bio-Freilandei
1 EL Speiseöl
1 Schuss Essig
1 Prise Salz
ca. ⅛ l warmes Wasser

Öl zum Bestreichen

Für die Fülle

150 g Butter
80 g Kristallzucker
8 Bio-Freilandeier
30 g fein gehackte Kuvertüre
150 g fein gehackte Walnüsse
je 40 g fein gehackte Datteln, Feigen, Orangeat, Zitronat und Dörrpflaumen
40 g Rosinen
je 1 Prise Salz, Zimt, Nelken, Muskatnuss und Kardamom

Mehl zum Bestauben
zerlassene Butter zum Bestreichen

Zubereitung

1. Für den Teig alle Zutaten entweder per Hand oder mit der Küchenmaschine so lange kneten, bis er seidig glänzt. Mit Öl bestreichen und zugedeckt an einem warmen Ort ½ Stunde rasten lassen.
2. Für die Fülle die Butter mit der Hälfte des Zuckers schaumig rühren. Die Eier trennen und die Eidotter nach und nach zugeben. Die Masse so lange schlagen, bis sie ein lockeres Volumen erreicht hat.
3. Eiklar mit dem restlichen Zucker steif schlagen und in die Buttermasse einrühren. Anschließend vorsichtig Kuvertüre, Nüsse und Trockenfrüchte mit den Gewürzen unter die Masse heben.
4. Das Backrohr auf 180 °C Ober-/Unterhitze vorheizen.
5. Den Teig und das Rollholz gut mit Mehl bestauben, damit der Teig nicht kleben bleibt. Dann den Teig dünn ausrollen. Die Hände gut mit Mehl bestauben und den Teig vorsichtig ausziehen, bis er durchsichtig wird. Aufpassen, dass dabei keine Löcher entstehen.
6. Den Teig auf ein Tuch legen und auf zwei Dritteln davon gleichmäßig die Fülle verteilen. Mithilfe des Tuches einrollen und auf ein leicht befettetes Backblech setzen. Mit zerlassener Butter bestreichen.
7. Im Rohr ca. 40 Minuten lang backen. 5 Minuten vor Ende der Backzeit den Strudel nochmals mit zerlassener Butter bestreichen, damit er schön knusprig wird.

→ Der Adventstrudel ist ein Genuss, wenn er warm serviert wird. Dazu harmoniert hervorragend eine Karamellsauce laut Grundrezept (S. 193).

Nuss-Christstollen

Zutaten
für 3 Formen à 1 kg
⏲ 3½ Stunden

Für den Teig
200 ml Milch
125 g Germ (Hefe)
1 kg Weizenmehl
1 Eidotter
440 g Butter
150 g Kristallzucker
100 g Rohmarzipan
1 Vanilleschote
1 Prise Salz
8 g Stollengewürz

Für die Fülle
¼ l Milch
60 g Kristallzucker
40 g Honig
100 g fein gehacktes Zitronat
300 g grob geriebene Haselnüsse
100 g Rosinen
1 Schuss Rum
1 Prise Zimt
abgeriebene Schale von
½ unbehandelter Bio-Zitrone

Butter für die Formen
300 g geklärte Butter (Butterfett)
300 g vanillierter Staubzucker

Zubereitung

1. Für den Stollenteig Milch lauwarm erwärmen und Germ darin auflösen. Mit ca. einem Drittel der Mehlmenge zu einem Dampfl (Vorteig) abmischen. Das Dampfl ca. 2 cm dick mit Mehl bedecken, warm stellen und ca. 20 Minuten reifen lassen. Wenn das Dampfl richtig gärt, zeigen sich große Risse in der Mehldecke.
2. In der Zwischenzeit Dotter, Butter, Zucker und Marzipan mit den Gewürzen gut schaumig rühren.
3. Das gereifte Dampfl und das restliche Mehl in die Buttermasse geben und zu einem seidigen Teig abmischen. Es empfiehlt sich, den Teig auf einem Teigbrett mit den Händen glatt zu verarbeiten. Während des Knetens immer leicht mit Mehl einstauben.
4. Den Stollenteig zugedeckt ca. 45 Minuten rasten lassen bzw. warm stellen.
5. Backrohr auf 190 °C Ober-/Unterhitze vorheizen.
6. Für die Fülle Milch, Zucker und Honig aufkochen. Dann die restlichen Zutaten einrühren.
7. Den Teig 1 cm dick rechteckig ca. 30 × 100 cm ausrollen. Die Nussfülle aufstreichen und den Teig einrollen. In 3 gleiche (ca. 35 cm lange) Teile schneiden und die Enden zusammendrücken.
8. 3 Formen mit Butter ausstreichen und die Stollen hineinlegen. An einem warmen Ort gehen lassen, bis der Stollen die Form zu drei Vierteln ausfüllt. Das dauert ca. 1 Stunde.
9. Im Backrohr ca. 30 Minuten bei 190 °C backen. Dann die Temperatur auf 170 °C reduzieren und noch ca. 15 Minuten fertig backen.
10. Noch warm mit ausgelassener Butter zweimal einstreichen und dann lauwarm dick mit vanilliertem Staubzucker bestreuen und einmassieren.

→ Butterfett bzw. geklärte Butter wird nicht ranzig, dadurch ist der Stollen länger haltbar. Es ist wichtig, dass der Stollen in einer Form gebacken wird, da er durch die Fülle sonst flach backen würde. Es gibt verschieden große Stollenformen. Das Rezept ist auf drei Formen à ca. 1 kg Teig und Fülle ausgerichtet. In der Regel gilt: Der Stollen soll vor dem Aufgehen die Form etwa zur Hälfte ausfüllen. Falls keine Stollenform vorhanden ist, eignet sich auch eine Kastenform. Die Charakteristik eines Stollens geht dadurch allerdings verloren.

Teegebäck – gelbe Masse

Zutaten

für 1 Backblech von 30 × 40 cm

⏲ 1 Stunde

Für die Masse

80 g weiche Butter
70 g Staubzucker
5 Eidotter
5 g abgeriebene Schale einer unbehandelten Bio-Zitrone
Mark von ½ Vanilleschote
110 g Weizenmehl

Marillenmarmelade zum Bestreichen
100 g Bitterkuvertüre

Zubereitung

1. Backrohr auf 180 °C Ober-/Unterhitze vorheizen.
2. Weiche Butter mit Staubzucker schaumig rühren, die Dotter nach und nach beigeben und weiter gut aufschlagen. Zitronenschale und Vanillemark beigeben und das Mehl unterziehen.
3. Ein Blech mit Backpapier auslegen. Die Masse in Spritzbeutel mit Lochtülle Nr. 10 füllen und Busserl, Biskotten oder Kipferl aufdressieren. Im Backrohr ca. 15 Minuten goldgelb backen.
4. Mit dem Papier vom Blech ziehen und auskühlen lassen. Dann vom Papier lösen und jeweils zwei Busserl oder Kipferl mit glatt gerührter Marillenmarmelade zusammensetzen. Zur Verzierung zur Hälfte in zerlassene temperierte Kuvertüre tunken.

Mandelspritzgebäck

Zutaten

für 2 Backbleche

⏲ 1½ Stunden

Für das Gebäck

400 g Rohmarzipan

120 g Kristallzucker

5 g abgeriebene Schale

einer unbehandelten Bio-Zitrone

3 Eiklar

Für die Dekoration

kandierte Früchte

Nüsse

Pignolien (Pinienkerne)

200 g Bitterkuvertüre

Zubereitung

1. Backrohr auf 190 °C Ober-/Unterhitze vorheizen.
2. Marzipan zerkleinern, dann mit Kristallzucker, Zitronenschale und Eiklar zu einer dressierfähigen Masse vermischen.
3. In einen Dressiersack mit Sterntülle füllen und unterschiedliche Ornamente auf zwei mit Backpapier ausgelegte Bleche spritzen. Nach Belieben mit kandierten Früchten, Nüssen oder Pignolikernen belegen.
4. Im Backrohr ca. 10 Minuten backen, bis das Spritzgebäck Farbe annimmt. Auskühlen lassen und vom Papier lösen.
5. Kuvertüre temperieren und das Mandelspritzgebäck mit der Unterseite eintauchen. Verkehrt auf ein Abtropfgitter legen und trocknen lassen.

→ Falls sich das Spritzgebäck schwer vom Papier lösen lässt, einfach die Rückseite des Backpapiers mit Wasser befeuchten und nach etwa 10 Minuten das Papier abziehen. Das Mandelspritzgebäck ist in einer verschlossenen Dose im ungeheizten Raum lange haltbar.

Orangen-Mokka-Brezerl

Zutaten
für 30 bis 40 Stück
⏲ 1½ Stunden
plus 1 Tag zum Antrocknen

Für die Masse
½ EL löslicher Kaffee
½ Stamperl Kirschwasser
75 g Staubzucker
250 g Rohmarzipan
20 g grob geriebene, angeröstete Mandeln
30 g fein gehacktes Orangeat

200 g Kuvertüre zum Überziehen
Buntzucker zum Bestreuen

Zubereitung

1. Kaffee im Kirschwasser auflösen, mit Staubzucker, Marzipan, Mandeln und Orangeat vermischen.
2. Die Masse in ca. 10 g schwere Stücke teilen (siehe Tipp unten) und zu Brezerln formen. 1 Tag bei Zimmertemperatur antrocknen lassen.
3. Kuvertüre temperieren und die Brezerl damit überziehen. Bevor die Kuvertüre absteift, mit Buntzucker bestreuen.

→ Wenn man Marzipan verarbeitet, nur mit Staubzucker stauben, niemals mit Mehl!
Um gleichmäßig große Brezerl zu bekommen, wiegt man die fertige Marzipanmasse in Stücke mit 100 g aus. Diese rollt man mit den Händen zu ca. 20 cm langen Rollen und teilt sie mithilfe eines Lineals in 2 cm lange Stücke. Diese Stücke zwischen den Handflächen zu 8-cm-Stangerln ausrollen und Brezerl daraus formen.
Eignet sich gut als Christbaumbehang.

Vanillekipferl

Zutaten
für ca. 70 bis 80 Kipferl
⏲ 1½ Stunden

Für den Teig
250 g Mehl
210 g Butter
110 g geriebene Haselnüsse
120 g Staubzucker
1 Prise Salz

Staubzucker und 1 Pkg. Vanillezucker zum Wälzen

Zubereitung

1. Alle Zutaten rasch zu einem festen Teig kneten. Im Kühlschrank ca. 15 Minuten rasten lassen.
2. Backrohr auf 185 °C Ober-/Unterhitze vorheizen. Ein Backblech mit Backpapier auslegen.
3. Den Teig zu einer ca. 2 cm dicken Stange rollen und gleichmäßig in kleine Stücke teilen. Die Stücke mit bemehlten Handflächen ca. 5 bis 6 cm lang ausrollen und Kipferl formen. Auf das Blech legen und im Backrohr 10 bis 12 Minuten goldgelb backen.
4. Herausnehmen und das Papier vom Blech ziehen. Die Kipferl noch warm dick mit Staubzucker-Vanillezucker-Gemisch besieben oder darin wälzen.

Garnierte Lebkuchenmotive

Zutaten
für ca. 20 Stück
⏲ 2 Stunden
plus 1 Nacht zum Abtrocknen

Für den Teig
½ Menge Lebkuchenteig
(siehe Grundrezept S. 190)
Milch zum Bepinseln

Für die Spritzglasur
150 g Staubzucker
1 Eiklar
wasserlösliche Lebensmittelfarbe

Zubereitung

1. Backrohr auf 180 °C Ober-/Unterhitze vorheizen.
2. Den fertigen Lebkuchenteig mit einem Rollholz auf einer bemehlten Arbeitsfläche 4 bis 6 mm dünn ausrollen. Dann beliebige Weihnachtsmotive ausstechen.
3. Auf ein mit Backpapier ausgelegtes Blech legen und mit Milch bepinseln. Im Backrohr 10 bis 15 Minuten backen, bis der Lebkuchen eine schöne Farbe hat. Herausnehmen und auskühlen lassen.
4. Für die Eiweißspritzglasur Staubzucker durch ein feines Sieb sieben. Eiklar mit dem gesiebten Staubzucker in der Küchenmaschine rühren (nicht schlagen!), bis sich eine kompakte Spritzglasur ergibt. Mit Lebensmittelfarbe nach Wunsch einfärben und mit einer Spritztüte oder einem Einwegdressiersack Verzierungen auf den ausgekühlten Lebkuchen dressieren.

→ Die garnierten Motive müssen über Nacht abtrocknen, danach können sie in einer verschließbaren Keksdose gut aufbewahrt werden.

Schokolebkuchenbusserl

Zutaten
für ca. 40 Busserl
⏲ 2 Stunden
plus 1 Tag zum Rasten

Für den Teig
1 kg Lebkuchenteig
(siehe Grundrezept S. 190)
1 Pkg. Vanillezucker
30 ml Rum
70 g Kakao

Ribiselmarmelade zum Füllen
250 g Milchkuvertüre

Zubereitung
1. Den fertigen Lebkuchenteig mit Vanillezucker, Rum und Kakao vermischen und gut durchkneten. In Frischhaltefolie einschlagen und 1 Tag rasten lassen.
2. Backrohr auf 190 °C Ober-/Unterhitze vorheizen.
3. Schokolebkuchenteig 3 mm dick ausrollen, runde Taler (ca. 4 cm) ausstechen. Auf ein befettetes und bestaubtes Blech legen und im Backrohr 8 bis 10 Minuten backen. Herausnehmen und komplett auskühlen lassen.
4. Jeweils 2 Taler mit Ribiselmarmelade zusammensetzen. Kuvertüre auflösen, temperieren und die Schokolebkuchenbusserl damit überziehen.
5. Nach Belieben verzieren, z. B. Spiralen aus temperierter Bitterschokolade mithilfe eines Papierstanitzels aufgarnieren.

GRUNDREZEPTE

Brandteig

Zutaten

für ca. 10 Krapferl oder Eclairs

⏲ 1½ Stunden inkl. Backzeit

150 ml Milch
85 g Butter
je 1 Prise Salz und Zucker
90 g glattes Mehl
2 Bio-Freilandeier
1 Dotter

Zubereitung

1. Milch mit Butter, Salz und Zucker aufkochen. Das Mehl in einem Schwung dazugeben und so lange abrösten, bis sich die Masse vom Topfrand löst. Dabei ständig gut umrühren.
2. Vom Herd nehmen und auskühlen lassen. Nach und nach die Eier und den Dotter mit dem Schneebesen unterrühren.
3. Mit einem Dressiersack und Sterntülle auf ein mit Backpapier ausgelegtes Blech aufdressieren und bei 190 °C Ober-/Unterhitze ca. 40 Minuten backen.

→ Brandteig fällt schnell zusammen, daher niemals das Rohr vor Ende der Backzeit öffnen. Auch zu schnelles Öffnen ist gefährlich. Daher zunächst nur einen Spalt aufmachen, einen Kochlöffel einklemmen und erst nach 1 bis 2 Minuten die Tür ganz aufmachen.

Strudelteig

Zutaten

für 1 großen oder 2 kleine Strudel

⏲ 1 Stunde

200 g glattes Mehl
1 EL Speiseöl
ca. ⅛ l warmes Wasser
1 Prise Salz
Mehl zum Bestauben

Zubereitung

1. Alle Zutaten zu einem weichen, seidig-glatten Teig verkneten, der nicht klebt. Zu einer Kugel formen und mit Öl bestreichen. Mit Frischhaltefolie bedecken und ca. ½ Stunde rasten lassen.
2. Den Teig gut mit Mehl bestauben. Auf einem mit Mehl bestaubten Tuch mit dem Rollholz möglichst dünn ausrollen, dann vorsichtig über den Handrücken möglichst dünn ausziehen.
3. Den dünn ausgezogenen Teig nach Auftragen der Fülle mithilfe des Tuches einrollen.

Leichte Biskuitmasse, hell

Zutaten

für eine Tortenform mit
24 bis 26 cm Durchmesser

1 Stunde inkl. Backzeit

7 Bio-Freilandeier
175 g Kristallzucker
1 Prise Salz
230 g Mehl
60 g flüssige Butter

Zubereitung

1. Eier in Dotter und Eiklar trennen. Dotter mit einem Drittel des Kristallzuckers schaumig rühren.
2. Das Eiklar mit dem restlichen Kristallzucker und 1 Prise Salz zu Schnee schlagen.
3. Die beiden Massen vorsichtig vermischen. Das Mehl unterheben und zum Schluss die flüssige, nicht zu heiße Butter unterrühren.
4. In eine Tortenform füllen und im vorgeheizten Backrohr bei 180 bis 190 °C Unterhitze ca. 40 Minuten lang backen.

Leichte Biskuitmasse, dunkel

Zutaten

für eine Tortenform mit
24 bis 26 cm Durchmesser

1 Stunde inkl. Backzeit

7 Bio-Freilandeier
175 g Kristallzucker
1 Prise Salz
210 g Mehl
20 g Kakaopulver
60 g flüssige Butter

Zubereitung

1. Eier in Dotter und Eiklar trennen. Dotter mit einem Drittel des Kristallzuckers schaumig rühren.
2. Das Eiklar mit dem restlichen Kristallzucker und 1 Prise Salz zu Schnee schlagen.
3. Die beiden Massen vorsichtig vermischen. Mehl mit Kakaopulver versieben und unter die Masse heben. Zum Schluss die flüssige, nicht zu heiße Butter unterrühren.
4. In eine Tortenform füllen und im vorgeheizten Backrohr bei 180 bis 190 °C Unterhitze ca. 40 Minuten lang backen.

Lebkuchenteig

Zutaten

für ca. 1,5 kg Teig

⏲ 1½ Stunden

150 g Honig
50 g Rohzucker
100 ml Zuckersirup
1 Bio-Freilandei
1 Dotter
50 g Kristallzucker
20 g Ammonium
15 g Pottasche
750 g Mehl
160 g geriebene Haselnüsse
70 g geriebene Mandeln
50 g klein gehacktes Orangeat
7 g Zimt
5 g Lebkuchengewürz
1 Msp. gemahlene Nelken
⅛ l Milch

Zubereitung

1. Honig, Rohzucker und Zuckersirup unter ständigem Rühren auf ca. 60 °C erhitzen. Vom Herd nehmen und im Wasserbad abkühlen lassen.
2. Das ganze Ei und den Dotter mit Kristallzucker schaumig rühren.
3. Ammonium und Pottasche getrennt in lauwarmem Wasser auflösen.
4. Mehl auf ein Brett häufeln und in der Mitte eine Mulde formen. Die Haselnüsse, Mandeln und das klein gehackte Orangeat in die Mulde geben. Zimt, Lebkuchengewürz und Nelken in der Mulde mit der Milch verrühren. Eiermasse zugeben und alle Zutaten zu einem Teig verkneten.
5. Ammonium und Pottasche getrennt untermischen. Zum Schluss die Honigmasse zugeben und den Teig nochmals gut durchkneten.
6. Den Lebkuchenteig in eine Frischhaltefolie wickeln und einige Tage an einem kühlen Ort rasten lassen. Dies sorgt für besseres Aroma und optimale Triebentwicklung.

→ Lebkuchen nie in einem geheizten, trockenen Raum lagern! Wenn vorhanden, am besten in feuchten Kellerräumen, da Lebkuchen die Feuchtigkeit aufnimmt und dadurch mürbe bleibt.
Dieser Teig eignet sich auch zum Belegen mit Mandeln, kandierten Früchten etc.
Es empfiehlt sich, den Lebkuchen vor dem Backen dünn mit Eistreiche zu bepinseln. Dafür 1 Ei mit 1 Prise Salz verquirlen, bis es flüssig ist, und mit etwas Wasser verdünnen. Durch die Eistreiche bekommt der Lebkuchen eine glänzende kastanienbraune Farbe.

Mürbteig

Zutaten
für ca. 600 g Teig
⏲ ¾ Stunde inkl. Backzeit

100 g Staubzucker
200 g Butter
1 Dotter
300 g Mehl
1 Prise Salz
Mark von ½ Vanilleschote
etwas abgeriebene Schale
einer unbehandelten Bio-Zitrone

Zubereitung
1. Alle Zutaten rasch zu einem Teig verkneten. Eine Kugel formen, mit Frischhaltefolie bedecken und im Kühlschrank ca. 30 Minuten rasten lassen.
2. Ausrollen und auf ein mit Backpapier ausgelegtes oder leicht befettetes Blech legen. Bei ca. 190 °C im Backrohr je nach Gebäck und Größe ca. 10 Minuten goldgelb backen.

Plunderteig

Zutaten
für ca. 1,5 kg Teig
⏲ 4 Stunden

Für den Germteig
50 g Germ (Hefe)
ca. ¼ l Milch
3 Dotter
5 g Salz
50 g Butter
50 g Kristallzucker
500 g Mehl
etwas Vanillemark

Für den Butterziegel
400 g Butter
50 g Mehl

Zubereitung
1. Germ (Hefe) in der kalten Milch auflösen und mit den restlichen Zutaten zu einem glatten Teig verarbeiten. Den Teig zu einer Kugel formen, kreuzweise einschneiden und im Kühlschrank abgedeckt rasten lassen.
2. Für den Butterziegel Butter und Mehl glatt verarbeiten und zu einem Ziegel formen. Im Kühlschrank gut durchkühlen.
3. Den Butterziegel mittels einer einfachen und zweier doppelter Touren wie beim Blätterteig (siehe Seite 192) zu einem Plunderteig verarbeiten.

→ Es empfiehlt sich, den Plunderteig mit kalter Milch herzustellen und zwischen den Touren kalt zu stel en. Dadurch übergärt der Teig nicht schon während der Zubereitung und behält die Gärkraft für die Aufarbeitung.
Da sowohl Blätter- als auch Plunderteig recht arbeitsaufwendig sind, kann man diese Teige bei kalter Herstellung ohne Weiteres am Vortag zubereiten, in Frischhaltefolie wickeln und im Kühlschrank lagern.

Butter-Blätterteig

Zutaten
für ca. 1 kg Teig
⏲ 4 Stunden

Für den Butterziegel
500 g Butter
ca. 100 g Mehl

Für den Vorteig
500 g Mehl
5 g Salz
1/16 l Rum
ca. 20 ml Wasser
1 Dotter
ca. 50 g Butter

Mehl für die Arbeitsfläche

Zubereitung

1. Für den Ziegel die Butter mit etwas Mehl glatt verarbeiten. Zu einem Würfel formen und im Kühlschrank durchkühlen.
2. Für den Vorteig Mehl mit Salz, Rum, Wasser, Dotter und etwas Butter zu einem gut abgearbeiteten, festen, glatten Teig kneten. Zu einer Kugel schleifen und kreuzweise einschneiden. Mit Frischhaltefolie bedecken und ca. ½ Stunde rasten lassen.
3. Den Vorteig auf einer bemehlten Arbeitsfläche von innen nach außen zu einem doppelt so großen Rechteck wie den Butterziegel ausrollen, sodass das Teigstück in der Mitte dicker bleibt. Den Butterziegel darin einschlagen und alles rechteckig ausrollen.
4. Die einfache Tour: das Mehl abkehren und ein Drittel der Längsseite von rechts zur Mitte hin einschlagen. Den Teig von der anderen, der linken Seite darüberlegen, sodass 3 Schichten entstehen. Mit Frischhaltefolie bedecken und im Kühlschrank ca. ½ Stunde rasten lassen.
5. Die doppelte Tour: den Teig wieder auf der bemehlten Arbeitsfläche rechteckig ausrollen, abkehren und von links und rechts in die Mitte einschlagen. Wieder abkehren und einmal zusammenschlagen – jetzt sind 4 Teigschichten entstanden. Wieder mit Frischhaltefolie bedecken und ½ Stunde zum Rasten in den Kühlschrank stellen.
6. Die einfache und die doppelte Tour jeweils noch einmal wiederholen.
7. Dann den Teig 4 bis 5 mm dünn ausrollen und zum jeweiligen Gebäck verarbeiten.

Karamellsauce

Zutaten
für ca. 400 g oder ⅜ l Sauce
⏲ ¼ Stunde

100 g Kristallzucker
¹⁄₁₆ l Wasser
¼ l Milch
2 Dotter
1 EL Puddingpulver
20 ml Grand Marnier

Zubereitung

1. Zucker in einer Pfanne karamellisieren und mit Wasser ablöschen. Sollten sich Klumpen bilden, diese durch ständiges Rühren auflösen. Dotter, Puddingpulver und Milch verrühren, unter die Karamellmasse mischen und zur Creme abziehen. Mit Grand Marnier abschmecken.

Schokosauce

Zutaten
für ca. 250 g Sauce
⏲ ¼ Stunde

60 g Zucker
60 ml Wasser
40 ml Obers
30 g Sirup oder Honig
10 g Kakao
50 g Bitterschokolade
20 ml Rum

Zubereitung

1. Zucker, Wasser, Obers, Sirup oder Honig und Kakao in einem Topf aufkochen. Bitterschokolade klein hacken und darin auflösen. Zum Schluss mit Rum abschmecken.

→ Die Schokosauce hält in einem dicht verschlossenen Behälter ca. 2 Wochen im Kühlschrank. Sie schmeckt auch warm sehr gut und ist im Sommer eine tolle geschmackliche Kombination zu Vanilleeis mit Schlagobers. Am besten erwärmt man sie in einem Wasserbad.

Pariser Creme

Zutaten
für 670 g Creme
⏲ 10 Minuten plus
mind. 3 Stunden zum Absteifen

¼ l Obers
125 g Kristallzucker
75 g Butter
225 g Bitterschokolade

Zubereitung
1. Obers, Kristallzucker und Butter in einem Topf aufkochen. Bitterschokolade klein hacken und in der heißen Flüssigkeit auflösen. Dabei ab und zu mit einem Schneebesen umrühren.
2. Zum Absteifen mindestens 3 Stunden, am besten aber über Nacht in den Kühlschrank stellen.

→ Zur Weiterverarbeitung die Creme im Wasserbad etwas anwärmen und mit dem Schneebesen zu einer streichfähigen Masse glatt rühren. Je intensiver man die Creme rührt, desto heller wird sie und verändert sich auch im Geschmack.

Vanillecreme

Zutaten
für ca. 700 g Creme
⏲ 20 Minuten plus 1 Nacht
im Kühlschrank zum Absteifen

½ l Milch
100 g Kristallzucker
2 Dotter
50 g Vanillepuddingpulver

Zubereitung
1. ⅔ der Milch mit Zucker in einem Topf aufkochen. Die restliche Milch mit Dottern und Puddingpulver verrühren. Dann mit der kochenden Milch zu einer Creme abziehen – also am Herd so lange rühren, bis sich die Creme bindet. In den Kühlschrank stellen und 1 Nacht lang abkühlen lassen.

→ Die heiße Creme mit einer Folie abdecken, dann bildet sich keine Haut. Für die Weiterverarbeitung die abgesteifte Vanillecreme mit dem Schneebesen glatt rühren. Kocht man kleinere Mengen Vanillecreme, genügt eine Kühlzeit von 2½ Stunden.

Mohnfülle

Zutaten
für 450g Fülle
⏲ 10 Minuten plus Auskühlzeit

⅛ l Milch
20g Honig
50g Zucker
30g Butter
1 Dotter
100g gemahlener Mohn
50g geriebene Mandeln
50g Rosinen
1 Schuss Rum

Zubereitung

1. Milch, Honig, Zucker und Butter in einem Topf aufkochen. Dotter in die kochende Masse einrühren und vom Herd nehmen. Dann die restlichen Zutaten untermischen und die Masse zum weiteren Verarbeiten auskühlen lassen.

Rezept-Register von A bis Z

Das sagen die Österreicher	Das sagen die Deutschen
Biskotte	Löffelbiskuit
Brandteigkrapferl	Windbeutel
Busserl	Makronen
Dampfl	Hefevorteig
Eidotter/Dotter	Eigelb
Eiklar	Eiweiß
Germ	Hefe
Gugelhupf	Napfkuchen
Kipferl	Hörnchen
Kletzen	Dörrbirnen
Marillen	Aprikosen
Marillenmarmelade	Aprikosenkonfitüre
Maroni	Edelkastanie
Palatschinken	Pfannkuchen
Powidl	Pflaumenmus
Ribiseln	Johannisbeeren
Sauerrahm	saure Sahne
Schlagobers/Obers	Schlagsahne/Sahne
Staubzucker	Puderzucker
Striezel	Zopf
Topfen	Quark
Weichsel	Sauerkirsche
Zwetschken	Pflaumen

Abkürzungen und Hinweise:

Mehl	glattes Mehl, wenn nicht anders angegeben
EL	Esslöffel
TL	Teelöffel
KL	Kaffeelöffel
Msp.	Messerspitze
Pkg.	Packung